ANALYSEN UND REFLEXIONEN
Band 89

Christian Dörr

Thomas Coraghessan Boyle

The Tortilla Curtain

Darstellung und Interpretation

Joachim Beyer Verlag – Hollfeld

2. überarbeitete Auflage 2005

ISBN 3-88805-384-6

Druck: FINIDR s. r. o., Český Těšín

Inhalt

1 Thomas Coraghessan Boyle – Eine Biographie

Thomas John Boyle wurde am 2. Dezember 1948 in Peekskill, New York, in eine mittelständische, katholisch geprägte Familie geboren. Sein Vater war Busfahrer, seine Mutter Sekretärin. Beide waren alkoholabhängig und starben früh, nichtsdestotrotz vernachlässigten sie ihren Sohn nicht, sondern gaben ihm viel Unterstützung um ihm eine gute Ausbildung zu ermöglichen.

Obwohl sich seine Lebensbedingungen nicht von denen seiner Altersgenossen unterschieden, galt Boyle als Einzelgänger. Mit 17 Jahren änderte er deshalb auch seinen zweiten Vornamen von „John“ in „Coraghessan“ um damit die irische Abstammung seiner Großeltern zu unterstreichen und „außergewöhnlich“ zu wirken. (Dies zeigt sich auch darin, dass es viel Verwirrung um die richtige Aussprache seines Mittelnamens gegeben hat. Boyle benutzt die Aussprache [Cor-ag-hessan], mit der Betonung auf der zweiten Silbe. Ihm zufolge handele es sich bei seinem zweiten Vornamen um ein altes gälisches Wort mit der Bedeutung „Take two and call me in the morning“.)

Trotz des Bemühens seiner Eltern bekam Boyle schon früh Probleme in der Schule: In der zweiten und dritten Klasse nahm er am Unterricht für lernbehinderte Kinder teil. Er schaffte seinen Abschluss an der Lakeland High School von Shrub Oak und begann danach sein Studium an der State University of New York in Potsdam (US-Bundesstaat New York) mit dem Hauptfach Musik. Doch auch dazu fehlte ihm die Motivation und er beendete das Studium gerade mit dem Mindestnotenschnitt ausreichend. In dieser Zeit traf er seine zukünftige Frau Karen Kvashay, mit der er seit 1974 verheiratet ist und heute drei Kinder (Kerrie, Milo und Spencer) hat.

T.C. Boyle wollte sein Musikstudium an einer weiterführenden Universität fortsetzen, dafür waren allerdings seine Noten zu schlecht. Um der Einberufung zum Vietnamkrieg zu entgehen, nahm er eine Stelle als Lehrer in einer High School an und lehrte später auch für vier Jahre an seiner Heimatschule. Diese hatte sich jedoch in der Zwischenzeit zu einem sozialen Brennpunkt entwickelt. Boyle, der dort als Englischlehrer arbeitete, kam nicht mit der psychischen Belastung zurecht, trat den Schülern gegenüber gewalttätig auf und aus seiner Verzweiflung heraus verfiel er dem Drogenkonsum. Er ließ sich völlig fallen, führte ein verwahrlostes Dasein und musste psychologisch behandelt werden, um nicht völlig abzudriften.

Dennoch schaffte er es, sich in dieser Zeit der Literatur zu widmen und eine seiner Kurzgeschichten zu veröffentlichen. Diese fand soviel Anklang, dass sie ihm 1972 den Beitritt zum angesehenen Writers' Workshop der University of Iowa ermöglichte. Sein Leben verlief wieder geordneter und er schloss sein Studium 1975 mit einem M.F.A. in englischer Literatur des 19. Jh. mit der Bestnote ab.

Zwei Jahre später promovierte er. Durch die Verlegung seiner Dissertation unter dem Titel „Descent of Man" 1979 und durch weitere Kurzgeschichten machte er sich einen Namen als Kurzgeschichtenautor und bekam 1986 für seine hervorragenden Leistungen einen Lehrauftrag für „creative writing" an der University of Southern California; dort ist er seitdem als Englischprofessor tätig. Thomas Coraghessan Boyle lebt heute in Montecito, einem noblen Vorort von Santa Barbara bei Los Angeles.

Sein Werk umfasst insgesamt zahlreiche Kurzgeschichtensammlungen und acht Romane, die schon mehrfach ausgezeichnet wurden (World's End, 1988 PEN/Faulkner Preis für amerikanische Fiktion; Coordinating Council of Literary Magazines Award for Fiction; 1977 Creative Writing Fellowship des National Endowment for the Arts). Ferner schrieb er mehr als ein Dutzend Kurzgeschichten, die in Zeitschriften veröffentlicht wurden, sowie Essays und Rezensionen. Sein neuestes Werk ist der 2000 erschienene Roman „A Friend of the Earth"; derzeit arbeitet Boyle an einem Buch über die Hippie-Generation der 60er Jahre, das unter dem Titel „Drop City" voraussichtlich im Frühjahr 2003 veröffentlicht wird.

Kurzgeschichtensammlungen:

The Descent of Man, 1979

Greasy Lake and Other Stories, 1985

If the River Was Whiskey, 1990

Without a Hero, 1994

T. C. Boyle Stories, 1998

After the Plague, 2001

Romane:

Water Music, 1981

Budding Prospects: A Pastoral, 1984

World's End, 1987

East Is East, 1991

The Road to Wellville, 1993

The Tortilla Curtain, 1995

Riven Rock, 1998

A Friend of the Earth, 2000

2 Zum Inhalt

2.1 Arroyo Blanco

1

Delaney Mossbacher, die Titelfigur des Romans, ist auf dem Weg zum Recyclingzentrum und überfährt auf einer kurvenreichen Canyonstraße versehentlich einen Mann. Überrascht wie bestürzt über den Vorfall sorgt sich Delaney zu seiner Schande zuerst um sein Auto und mögliche Folgen für ihn. Erst danach beginnt er, etwas halbherzig, die Suche nach dem Opfer. Er findet es zuerst nicht und hat Angst einer Bande zum Opfer zu fallen, die Autofahrer nach einem inszenierten Unfall ausrauben. Er will schon fast die Suche aufgeben, als er ein Stöhnen aus einem Busch vernimmt; dort liegt ein schwer verletzter Mann. Delaney, selbst ein Opfer dieser Situation, bietet dem Mann, der zwischen seinen Einkäufen liegt und alle Glieder von sich streckt, Hilfe an, bis dieser ihm auf Spanisch antwortet und beginnt sich aufzuraffen. Delaney ist darüber sehr erleichtert, fragt ihn, ob er ihn irgendwo hinfahren könne. Doch der Mann, den er jetzt als Mexikaner identifiziert zu haben glaubt, winkt ab und fordert gestikulierend Geld. Delaney gibt ihm 20 Dollar und der Mann verschwindet auf einem Trampelpfad in den Canyon.

Im nächsten Augenblick bereits befindet sich der Unfallfahrer wieder im Wagen auf dem Weg zu seinem eigentlichen Ziel – dem Recyclingzentrum. In Gedanken kann er sich jedoch nicht von seiner eben gemachten Bekanntschaft lösen und beginnt sich das Leben des Mexikaners vorzustellen. Als er jedoch zu der Erkenntnis kommt, dass der Mann dort unten im Canyon lebt, wandeln sich Delaneys Schuldgefühle bei dem Gedanken an den Müll, den Leute wie dieser Mann dort hinterlassen und den Delaney mit Freunden schon so oft weggeräumt hat, in Wut und Zorn. Mossbacher hat sein Ziel erreicht, seinen Rundgang durch die Recyclingfabrik gemacht und Dosen und Papier abgeladen. Doch eine Beobachtung, die ihm in den zwei Jahren, in denen er schon in L.A. lebte, gar nicht aufgefallen war, verwundert ihn noch mehr: Woher kommen all diese Männer, die er überall arbeiten sieht und von denen sich nun einer vor sein Auto warf, und was wollen sie hier?

Nun, nachdem er seinen Pflichten nachgekommen ist, fährt er in der Acura-Vertretung vorbei um die nur leichten Schäden an seinem Auto ausbessern zu lassen.

Auf die Frage, was er denn mit seinem Auto überfahren habe, lügt er - als Vorsichtsmaßnahme, wie er meint - und gibt vor, er habe einen Hund angefahren. Ganz jedoch kann er den Vorfall nicht vergessen. Es quält ihn der Gedanke, den Mann mit 20 Dollar abgespeist und zurückgelassen zu haben. Um sich Erleichterung zu verschaffen ruft Delaney nun Kyra, seine Frau, in ihrem Büro an. Auf seinen Unfallbericht reagiert sie sehr hysterisch und sorgt sich erst um Jordan, ihren Sohn, dann um Delaney und schließlich um eine mögliche Schmerzensgeldklage. Er versucht sie jedoch zu beruhigen und von der Belanglosigkeit des Unfalls zu überzeugen mit der Begründung, bei dem Opfer handele sich um einen Mexikaner.

2

Cándido, das mexikanische Unfallopfer, verspürt nach dem Zusammenstoß große Kopfschmerzen und Übelkeit bis hin zum Erbrechen und versucht sich unter starken Schmerzen an das zu erinnern, was ihm widerfahren ist. Mit Knochenbrüchen an Armen und Beinen und Fleischwunden im Gesicht liegt er noch bis in die Abendstunden in seinem Lager, das er sich im Canyon aus Pappkartons und Holzresten gebaut hat, bis ihn dort América, seine schwangere 17-jährige Frau, findet.

Sie war den Tag über in Venice, wo sie nach einem Tipp einer Frau aus Guatemala eine Stelle als eine Näherin bekommen sollte. América hatte die Adresse in Venice dort einige Male überprüft, musste dann aber feststellen, dass sie sich verlaufen hatte. Sie konnte niemanden nach dem Weg fragen, da sie kein Englisch verstand, und so irrte sie den ganzen Nachmittag herum, bis sie endlich auf eine Frau traf, die ihr auf Spanisch den Weg zurück zur Bushaltestelle erklären konnte.

Als América nun die Lagerstätte erreicht und Cándido dort liegen sieht, kocht sie ihm eine Brühe und kauft mit den 20 Dollar Alkohol, Aspirin und Verbandszeug ein um ihn notdürftig zu versorgen. Cándido liegt im Delirium und hat Fieber, das erst nach zwei Tagen abklingt.

Am vierten Tag nach seinem Unfall versucht América heimlich das Lager verlassen. Sie will versuchen bei der Arbeitsvermittlung einen Job zu bekommen, um mit dem Verdienst neue Lebensmittel zu kaufen. Cándido ist jedoch strikt gegen diese Idee. Einerseits ist er um ihre Sicherheit besorgt, aber viel mehr fühlt er sich in seiner Ehre gekränkt: Er hält es für seine Aufgabe als Mann für seine Frau zu sorgen, und nicht umgekehrt. Cándido will sie aufhalten, doch in Anbetracht seines körperlichen Zustandes und ihrer wirtschaftlichen Lage bleibt ihm aber nichts anderes übrig als sie gehen zu lassen.

3

Delaney Mossbacher führt zusammen mit seiner zweiten Frau Kyra, ihrem Sohn Jordan, den Hunden Osbert und Sacheverell sowie der Katze Dame Edith derweil ein recht beschauliches Leben in der vornehmen Vorstadtsiedlung Arroyo Blanco.

Nachdem Kyra zur Arbeit in ein Immobilienmaklerbüro gefahren ist und Delaney Jordans Sachen für die Schule gepackt und ihn selbst dann dorthin gefahren hat, würde er normalerweise den Rest des Vormittages verbringen um an seinem monatlichen Artikel für die Zeitschrift „Wide Open Spaces“ zu schreiben. In seiner Kolumne „Pilgrim at Topanga Canyon“ schildert er den Lesern des Magazins jeden Monat seine Naturbeobachtungen im und rund um den Topanga Canyon; doch immer häufiger schweift er von seinem eigentlichen Thema ab auf globalere Probleme, wie den Treibhauseffekt oder das Abholzen der Wälder.

Während er Jordan und Kyra bis dahin beim Frühstücken Gesellschaft leistet, hören sie Hundegebell: Einer der Hunde - Sacheverell - wurde soeben von einem Kojoten gerissen, der nun mit seiner Beute flieht – von Delaney und in einigem Abstand von Kyra verfolgt. Inmitten von Tausenden von Büschen haben sie keine Chance, den Kojoten zu entdecken, dennoch gibt Kyra Delaney den Auftrag, ihren geliebten Hund um jeden Preis zu finden und fährt ins Büro. Später, gegen Mittag, findet Delaney schließlich eine Pfote von Sacheverell.

Abends besucht Delaney ein Treffen aller Hauseigentümer der Siedlung Arroyo Blanco im Gemeinschaftszentrum, wo über die Errichtung eines bewachten Tores am Eingang der Siedlung zum Schutz der Einwohner beraten und abgestimmt werden soll. Während der Diskussion über den Bau des Tores versucht Delaney, wie so oft, ein anderes Thema anzuschneiden: nämlich die Fütterung von Kojoten in der Umgebung der Siedlung. Da niemand sich für seine Sache interessiert, gerät er außer sich, schwenkt drohend die Vorderpfote des Hundes, die er bisher in seiner Jackentasche herumgetragen hatte und verbringt den Rest der Versammlung vor der Tür. Als er nach Hause gehen will, bemerkt er Jack Jardine Jr. und findet in ihm den Zuhörer, den er in der Versammlung nicht hatte. Als Jack das Gespräch auf seinen Unfall mit dem Mexikaner lenkt und plötzlich Fragen nach dem Unfallort stellt, fühlt Delaney sich zwar unwohl, beantwortet aber doch die Fragen des Jungen. Schließlich macht er sich auf den Heimweg.

4

Morgens verläßt América ihr Lager um noch einmal bei der Arbeitsvermittlung nach Arbeit zu fragen. Cándido, der schon am Vortag krank vor Sorge um sie war, ist strikt dagegen und versucht vergeblich sie durch Einschüchterungen und Verbote aufzuhalten. Es bleibt ihm nichts anderes übrig als auf der Decke zu liegen und auf sie zu warten. Währenddessen erinnert er sich daran, wie er América – sie war ein Blumenkind bei seiner Hochzeit mit Resurrección, ihrer Schwester - getroffen hat, er danach im Norden gearbeitet hat, bei seiner Rückkehr aber feststellen musste, dass seine Frau mit einem anderen durchgebrannt war. Cándido vergaß sich daraufhin völlig und verfiel dem Schnaps, bis er eines Tages América wieder traf und sie mit in den Norden nahm. Als er erwacht, ist er nass geschwitzt und durstig. Aber es ist kein abgekochtes Wasser mehr da, und so trinkt er wider besseres Wissen das Brackwasser des Baches, an dem sie kampieren. Der Durchfall läßt nicht lange auf sich warten und Cándido erreicht noch gerade rechtzeitig einen großen Felsen, den sie als Toilette nutzen, als er Stimmen von mehreren Amerikanern hört, die in die Schlucht hinabkommen. Voller Sorge, die

Polizei oder die Einwanderungsbehörde könnte ihr Lager entdeckt haben, so dass ihm jetzt als illegaler Einwanderer die Ausweisung und damit die Trennung von América droht, wagt er sich nicht hinter dem Felsen hervor. Er erkennt schließlich, dass es sich nicht um La Migra – die Einwanderungsbehörde -, sondern um mehrere Jugendliche handelt, die ihr Lager verwüsten. Voller Furcht wartet er auch noch nach ihrem Verschwinden eine Weile, bevor er sich herauswagt.

Gleich am Morgen ist América zu einem Mann namens Candelario Pérez gegangen, den die fünfzig oder sechzig Tagelöhner, die unter dem Unterstand sitzen, inoffiziell dazu ernannt hatten die Arbeitsvermittlung zu leiten. Viel Arbeit für Frauen gab es nicht, jedoch sollte sie in einer Ecke Platz nehmen. Sie hat dort bereits ein paar Stunden gewartet, als sich eine große, betrunkene Frau zu ihr setzt und sich mit ihr unterhalten will. América, die – da sie kein Englisch spricht - nur wenig versteht, trifft es wie ein Schock – wie schon bei ihrer Fahrt nach Venice –, dass sogar Amerikaner sich als Tagelöhner ihren Lebensunterhalt verdienen müssen. Als die Arbeitsvermittlung gegen Mittag schließt und alle Mexikaner den Unterstand verlassen müssen, wandert América ziellos die Straße bergab. Auf einmal fühlt sie sich in Gegenwart ihrer Landsleute nicht mehr wohl, die sie immer noch anstarren. Sie erinnert sich an ihren ersten Grenzübertritt, bei dem sie von ihren eigenen Landsleuten überfallen und fast vergewaltigt worden ist. Als sie die Straße, die an Gärten vorbeiführt, hinuntergeht, überlegt sie, ob sie nicht wie gestern dort etwas zu essen stehlen sollte.

5

Delaney spaziert nach der Versammlung durch die dunklen Straßen der Siedlung Arroyo Blanco nach Hause. Als er bereits in seiner Straße, dem Piñon Drive, angekommen ist, biegt ein alter Wagen in die Straße ein. Durch die getönten Scheiben dringt laute, dumpfe Rapmusik. Langsam rollt das Auto hinter Delaney her und fährt dann direkt neben ihm. Er versucht durch schnelleren Schritt den Wagen abzuhängen, was ihm jedoch nicht gelingt, bis schließlich der Wagen beschleunigt, am Ende der Straße wendet und davonfährt.

Erst als Delaney wieder zu Hause ist, kommt ihm in den Sinn, in welcher Gefahr er sich befunden haben könnte. Er legt die Vorderpfote in die Gefriertruhe und trinkt etwas, als er bemerkt, dass im Schlafzimmer noch Licht brennt: Kyra wartet bereits auf ihn. Für sie ist Sex eine Therapie, etwas, um Stress und Alltagssorgen abzubauen. Er hat sich ihr gerade hingegeben, als sich Kyras Gedanken plötzlich auf den Verbleib ihres Hundes Sacheverell konzentrieren. Delaney kann nicht anders als ihre energischen Fragen mit der Wahrheit zu beantworten, worauf sie sogleich aus dem Bett stürzt und zur Tiefkühltruhe läuft.

Am nächsten Morgen kann sich Kyra schwer auf ihre Aufgabe konzentrieren: ein Verkaufsgespräch für das Haus der Matzoobs. Als sie dort eintrifft, steht die Veranda unter Wasser; ihre Wut auf die Unprofessionalität des Gärtners lässt sie in diesem Moment sogar ihre Trauer um Sacheverell vergessen. Sie hat gerade noch genug Zeit um das Wasser herunterzukehren und sich wieder zurechtzumachen, als Sally Lieberman, eine Maklerin der Konkurrenz, mit den potentiellen Käufern Gerald und Sue Paulyman eintrifft; doch sie zeigen kein großes Interesse am Kauf des Hauses. Zurück im Büro erledigt Kyra Papierkram, aber sie hat starke Kopfschmerzen und will heute schon früher nach Hause fahren. Doch vorher muss sie noch - wie jeden Abend - bei fünf ihr anvertrauten Häusern nach dem Rechten sehen und sie abschließen. Es ist für sie Routine, die sie schnell hinter sich bringt, beim letzten Haus jedoch, dem der Da Ros, läuft sie noch einige Zeit durch die Räume: Solch ein Haus wünscht sie sich selbst.

6

Auch am fünften Tag nach dem Unfall will América das Lager am Morgen verlassen um bei der Arbeitsvermittlung auf einen Arbeitgeber zu warten. Wieder kommt es zu einem heftigen Streit mit Cándido und dieses Mal schlägt er sie sogar; daraufhin verlässt sie den Canyon.

Bei der Arbeitsvermittlung bekommt sie von einem unbekannten Neuen – José Navidad –, der sich nicht an die Regeln der Vermittlung halten und sich vordrängeln will, einen Becher Kaffee geschenkt, den sie unüberlegt annimmt. Er setzt sich daraufhin kurz danach zu ihr und beginnt ein Gespräch. Als América sich nicht darauf einlässt und gehen will, versucht er sie am Fuß zu halten, doch sie wehrt sich und kommt schließlich frei.

Später am Vormittag fährt Jim Shirley auf der Suche nach einer Arbeitskraft vor. América ist nun eigentlich an der Reihe und wird von Candelario Pérez aufgerufen, aber Mary, eine verwahrloste Weiße, drängt sie in den Hintergrund. Candelario erhebt Einwand und so nimmt Jim Shirley schließlich beide. Ihre Aufgabe ist es, Buddha-Figuren aus Stein mit einem ätzendem Mittel abzuwaschen und zu etikettieren. Im Gegensatz zu Mary, die sich über ihre Arbeit beschwert, trinkt und schließlich immer langsamer wird, arbeitet América emsig, um ihren Auftraggeber zufriedenzustellen. Dieser scheint es jedoch nicht zu bemerken, denn als er erst nach mehr als acht anstatt der sechs vereinbarten Stunden zurückkehrt, fordert er die beiden hastig zum Gehen auf. Als er Mary nach Hause gebracht und ausbezahlt hat, fordert er América auf, die bislang auf dem Rücksitz gesessen hat, sich auf den Beifahrersitz zu setzen. Während der Rückfahrt legt er seine Hand auf ihren Oberschenkel und betatscht sie.

Währenddessen hat Cándido, dem der Schock über die Verwüstung ihres Lagers immer noch in den Knochen sitzt, einen neuen Lagerplatz weiter flussaufwärts ausfindig gemacht und aus Ästen, Plastiktüten und Zwirn einen Unterstand und eine Feuerstelle gebaut. Gegen Abend macht sich Cándido auf den Rückweg um América abzufangen, die die neue Lagerstelle noch nicht kennt, und ihr den Weg zu weisen. Er findet sie aber nicht unten im Tal und steigt deshalb den Weg zur Straße hinauf. Hier begegnet er José Navidad, der ihm detaillierte Fragen über das Leben im Canyon stellt. Cándido versucht so wenig wie möglich preiszugeben und dreht darauf den Spieß um. Dass nun Cándido die Fragen stellt, scheint dem Fremden gar nicht zu passen und er verschwindet schnell in den Canyon.

7

Bei den Vorbereitungen zum Abendessen stellt Delaney fest, dass Pasta fehlen. Unsicher, ob er Jordan für die kurze Fahrt zum Supermarkt wirklich allein im Haus lassen kann, lädt er den in sein Videospiel vertieften Jungen kurzerhand ins Auto und fährt zum nahe gelegenen Supermarkt. Eilig sucht er seine Einkäufe zusammen und ist dabei so sehr in Gedanken vertieft, dass er Jack Jardine, der plötzlich vor ihm steht, fast umrennt. Delaney ist dieses Missgeschick peinlich, ebenso wie sein Auftritt in der Versammlung vor anderthalb Wochen, auf den Jack ihn nun anspricht. Jack versucht zwar auf Delaneys Position einzugehen und sie zu rechtfertigen, als aber das Stichwort, die Errichtung des Tores, fällt, verschärft sich das Gespräch. Jacks Behauptung, man müsse sich heutzutage – als Folge einer zu nachlässigen Einwanderungspolitik und der großen Zahl von legalen wie illegalen Einwanderern - vor dem Rest der Gesellschaft schützen, trifft bei Delaney auf harten Widerstand. Noch bevor er sich seine Antwort parat gelegt hat, kommt Jack Jr. in die Runde und fordert seinen Vater auf nun endlich zu gehen. Gerade als sie den Supermarkt verlassen, werden sie Zeuge eines Streits auf dem Parkplatz. Opfer dieser Auseinandersetzung ist derselbe Mexikaner, den Delaney vor ein paar Tagen mit dem Auto angefahren hat. Delaney greift jedoch nicht helfend ein, sondern wartet bis der Angreifer mit dem Mexikaner fertig ist.

Währenddessen führt Kyra zwei neue Kaufinteressenten, das Ehepaar Bill und Louisa Greutert, durch das Anwesen von Patricia Da Ros. Und obwohl der Verkauf des Hauses für Kyra beruflich und finanziell viel bedeuten würde, ist sie nur halbherzig bei der Sache. Sie möchte dieses Haus gar nicht mehr verkaufen, sondern beansprucht es insgeheim für sich selber, und nach zweieinhalb Stunden verlassen die Interessenten das Haus schließlich unverrichteter Dinge.

Den Morgen darauf sitzt Delaney wie üblich vor dem Computer um seine Kolumne vorzubereiten. An Ideen mangelt es ihm nicht. Er ist jedoch innerlich über den gestrigen Vorfall noch so aufgewühlt – inzwischen sieht er sich selbst als Opfer des Verkehrsunfalls –, dass er keine Zeile zu Papier bringt und sich entschließt, jetzt schon seine Nachmittagswanderung zu beginnen. Fertig ausgerüstet für seinen Ausflug fährt er die Canyonstraße auf der Suche nach einem guten Ausgangspunkt ab, parkt seinen Wagen im Schutz einer Baustelle am Anfang der Schlucht und steigt in den Canyon hinab. Unten angekommen trifft er auf ein wildes Camp, umgeben von Bergen aus Müll. Erschüttert von dieser Verschandelung der Natur spielt er mit dem Gedanken alle Sachen in den nächsten Mülleimer zu werfen. Um jedoch seine

Wanderung fortzusetzen belässt er alles und nimmt sich vor, nachher den Sheriff zu informieren. Weiter flussaufwärts, wieder in heiler Natur, scheint Delaney mit sich versöhnt zu sein, als die Stille von zwei Stimmen unterbrochen wird. Bei dem Gedanken an Überfälle auf Wanderer bleibt er erstarrt stehen, als er schließlich erkennt, dass die Unbekannten Spanisch sprechen. Die Schlucht ist zu eng um unbemerkt an ihnen vorbeizugelangen, daher tritt er aus dem Schilf heraus. Nach einigen gezwungenen Bemerkungen eines der beiden geht Delaney voller Wut über ihre Anwesenheit, ihren Müll und darüber, dass sie ihm den Tag verdorben haben, zu seinem Wagen zurück. Dieser ist jedoch nicht mehr da. Zuerst vermutet er, sein Wagen sei abgeschleppt worden, aber weder die Arbeiter auf der Baustelle – allesamt Lateinamerikaner – noch der Vorarbeiter wissen etwas davon. Abgeschleppt – wie er vom Abschleppdienst am Telefon vor dem nächsten Supermarkt erfährt – wurde er jedoch nicht und so ruft Delaney verstört Kyra im Büro an um ihr den Vorfall zu schildern.

8

Cándido versteckt sich nach dem Vorfall auf dem Parkplatz des Supermarktes im Gebüsch, um weiterem Unheil aus dem Weg zu gehen. Als er ein paar Stunden vergeblich auf América gewartet hat, will er zur Arbeitsvermittlung gehen, um sie dort zu suchen. Da hält ein Wagen, América steigt aus und läuft in den Supermarkt. Cándido folgt ihr und findet América vor einer Kühltheke, stolz, ihr erstes, eigenes Geld verdient zu haben; gemeinsam kaufen sie ein paar Lebensmittel ein. Dann führt sie Cándido durch den Tümpel hindurch zu ihrer neuen Unterkunft, wo sie ausgiebig essen.

Am nächsten Morgen geht América wieder früh die Straße hinauf zur Arbeitsvermittlung, doch diesmal begleitet sie Cándido, selbst auf der Suche nach Arbeit. Zwar geht es ihm inzwischen schon deutlich besser – ein Teil seiner Wunden ist schon verheilt –, sein Gesicht jedoch sieht weiterhin sehr schlimm aus und beim Laufen hinkt er noch immer. Wenig später trifft Candelario Pérez ein und kurz darauf auch die ersten Arbeitgeber. Jedes Mal steht Cándido an erster Stelle, findet jedoch keine Arbeit. Bald fährt auch Jim Shirley an der Arbeitsvermittlung vor und heuert América wieder zum Buddha-Putzen an. Im Gegensatz zum vorangegangenen Tag scheint heute die Säure, mit der sie die Steinfiguren abwaschen soll, stärker zu sein. Als sie schließlich das Tränen der Augen und Brennen der Hände nicht mehr ertragen kann und auch auf der Toilette nebenan keine Handschuhe findet, macht sie sich auf die Suche nach Jim Shirley um ihn um Handschuhe – pantomimisch, denn sie spricht ja kein Englisch – zu bitten. Nach einem Blick auf ihre Hände und einem Fluch kommt er mit einem Paar Gummihandschuhen zurück. Fleißig arbeitet sie bis zum Abend weiter, in der Hoffnung, dass er sie so am nächsten Tag wieder für sich arbeiten lässt. Doch ohne ein Wort zu verlieren bringt er América nach verrichteter Arbeit zum Parkplatz des Supermarktes, gibt ihr 25 Dollar und fährt davon. Nachdem América eine Stunde vergeblich auf dem Parkplatz, ihrem vereinbarten Treffpunkt mit Cándido, auf diesen gewartet hat, kauft sie im Supermarkt etwas für den größten Hunger und macht sich auf den Weg zu ihrem Unterschlupf. Unten im Canyon warten José Navidad, den sie kürzlich in der Arbeitsvermittlung abgewimmelt hat, und sein Begleiter bereits auf sie. América versucht noch ihm zu entkommen und die Canyonstraße zu erreichen, sie wird jedoch schnell von ihren Verfolgern eingeholt. Während der Begleiter hinter ihm steht, wirft José sie auf den Boden, reißt ihr das Kleid vom Leib und vergewaltigt América.

2.2 El Tenksgeevee

1

Mit dem Gefühl geprellt worden zu sein, steht Delaney in der Acura-Vertretung bei Kenny Grissom; dieser hatte ihm einen neuen Wagen - baugleich zu dem gestohlenen - verkauft. Enttäuscht von der Gleichgültigkeit, die ihm die Polizei und der Autoverkäufer Grissom zu seinem Verlust entgegenbringen, hält Jack Jardine Delaney auch noch einen Vortrag; er meint es war abzusehen, dass arbeitslose Mexikaner früher oder später kriminell werden würden.

Immer noch den Ärger im Bauch, macht Delaney sich nun verspätet auf den Weg nach Woodland Hills, wo er sich in einem indischen Restaurant mit Kyra zum Essen verabredet hat. Er übergibt seinen Wagen an den jungen, mexikanischen Parkwächter und betritt das Restaurant. Kyra wartet bereits an einem Tisch auf ihn, vertieft in einen Stapel Papiere. Um Zeit zu sparen - Kyra ist sehr in Eile -, hat sie bereits für Delaney mitbestellt und drängt ihn schnell zu essen, um ihr gleich noch den neuen Wagen zu zeigen. Als sie das Lokal verlassen, hören Delaney und Kyra das Bellen eines Hundes. Eine Passantin macht Kyra auf den Hund aufmerksam, der in einem geparkten Auto eingesperrt ist, und sogleich gerät Kyra außer sich. Sie versucht den Hund aus dem Wagen zu befreien, doch dies gelingt ihr nicht. Da der mexikanische Parkwächter sie nicht versteht, stürmt Kyra in das Restaurant, unterbricht alle Gespräche und fragt in die Runde, wer der Besitzer des Autos sei. Doch niemand meldet sich oder interessiert sich für ihr Anliegen und so nimmt Delaney, der ihr nachgelaufen ist, Kyra wieder mit auf den Parkplatz. In diesem Moment sieht sie den Wagen samt Besitzer direkt vor sich, läuft auf ihn zu und will ihn zur Rede stellen. Dieser ist allerdings völlig unbeeindruckt von dem, was Kyra ihm zu sagen hat, fährt nach ein paar schroffen Worten davon und lässt die völlig perplexe Kyra nebst Delaney stehen.

Um sich etwas zu beruhigen beschließt Delaney, den Rest des Nachmittages – bis er Jordan abholen muss – zu nutzen und auf den Hügeln oberhalb des Meeres wandern zu gehen. Dort angekommen parkt er seinen nagelneuen Wagen auf dem Seitenstreifen der Straße. Immer wieder muss er jedoch an den Diebstahl seines alten Autos denken und die Tatsache, dass es an einer viel befahreneren Stelle gestohlen worden ist, lässt ihn nicht mehr los: So kauert er sich unweit der Straße ins Gestrüpp, um auf einen möglichen Dieb zu warten.

Unterdessen ist Kyra bereits auf dem Weg zu ihrem nächsten Treffen, diesmal mit den Kaufmans, denen sie als Dank für ihren Hauskauf in Arroyo Blanco ein kleines Präsent überreichen möchte. Auf dem Weg dorthin nutzt sie die Gelegenheit, die Augen nach Veränderungen links und rechts der Straße, die für sie als Maklerin wichtig sein könnten, offen zu halten. Als sie eine große Anzahl Arbeit suchender Mexikaner vor einem Supermarkt herumlungern sieht, biegt Kyra kurzerhand auf den Parkplatz ein um sich im Laden nach ihnen zu erkundigen: Sie befürchtet, dass potentielle Käufer für ihre Häuser in der Umgebung durch die herumlungernden Mexikaner abgeschreckt werden. Kyra kauft ein paar Kleinigkeiten und befragt die beiden asiatischen Kassiererinnen nach den Arbeitsuchenden, doch die können ihr nicht die gewünschte Antwort geben. Bevor Kyra zu ihrem Wagen zurückkehrt, schaut sie sich die Reihenhäuser, die sich hinter den Geschäften befinden, genauer an: Auch hier drängen sich Mexikaner in den heruntergekommenen Wohnungen. Sie beschließt, Mike Bender, ihrem Chef, dies morgen zu zeigen und ihn zu bitten etwas dagegen zu unternehmen.

Nachdem sie den Kaufmans ihr Geschenk überreicht hat, fährt Kyra kurz zu Hause vorbei, um zu sehen, wie weit Al Lopez mit der Erhöhung des Maschendrahtzaunes um ihr Haus gekommen ist. Sie möchte um jeden Preis verhindern, dass der Kojote auch noch den zweiten Hund angreift. Als Al, ihr persönliches Mädchen für alles, den sie immer beauftragt, wenn etwas zu reparieren ist, das Gespräch geschickt auf das Thema Schlangen lenkt, zögert Kyra nicht lange, auch noch einen Schlangenzaun anbringen zu lassen. So ruft er einem seiner Arbeiter etwas auf Spanisch zu, der daraufhin das Material für den Zaun herbeibringt. In diesem Moment erkennt Kyra in dem Arbeiter Cándido.

Nach einem weiteren Hausbesichtigungstermin beginnt Kyra ihre tägliche Rundtour um die ihr anvertrauten Häuser abzuschließen und für die Nacht vorzubereiten. Sie liegt gut in der Zeit, vor dem Da Ros Haus fällt ihr jedoch ein Einkaufswagen auf, den jemand hinter dem Tor ins Gebüsch geworfen hat. Sie notiert die Telefonnummer des Ladens um ihn später abholen zu lassen und fährt die Einfahrt hinauf. Nachdem Kyra die Alarmanlage aktiviert hat und schon fast wieder bei ihrem Auto ist, kommt ihr in den Sinn, dass vielleicht Obdachlose, Verrückte – oder Mexikaner – den Einkaufswagen hierher gefahren haben könnten. Sie fängt an das Gelände nach irgendwelchen Spuren eines illegalen Camps abzusuchen, als ihr eine Bewegung auffällt: Sie marschiert auf zwei Mexikaner zu, die der Beschreibung nach José Navidad und seinem Freund ähneln und die ihr nun direkt gegenüber stehen. Wütend versucht Kyra die beiden Eindringlinge zu vertreiben. Es scheint alles auf eine Konfrontation hinauszulaufen, doch nun fragt sie einer der beiden, ob sie die Eigentümerin des Hauses sei. Als Kyra vorgibt, dort mit ihrem Mann und Bruder zu wohnen, beäugt er zweifelnd das Haus, entschuldigt sich und die beiden treten den Rückzug an.

2

Eines Mittags – die Arbeitsvermittlung ist bereits beendet – findet Cándido Arbeit: Al Lopez, ein Spanisch sprechender Amerikaner, heuert ihn als Ersatz für einen erkrankten Arbeiter an. Seine erste Beschäftigung ist es in einer noblen Siedlung einen Zaun zu errichten.

Cándido erinnert sich an die Zeit, als er mit weiteren Mexikanern bei der Kartoffelernte in Idaho mitgearbeitet hat. Nach der Saison wollten sie gemeinsam weiter nach Los Angeles zu einem Cousin ziehen um dort die Gärten der Reichen zu pflegen. Sie kauften einen alten schrottreifen Wagen und fuhren in Richtung Kalifornien. Bereits in Oregon gab das Auto seinen Geist auf und es dauerte auch nicht lange, bis die Polizei kam und sie aufgreifen wollte. Fast alle konnten fliehen, Cándido aber wurde von der Gruppe getrennt und verbrachte die Nacht frierend in einem Graben vor einer Farm. Am nächsten Morgen wankte er durchgefroren in die Scheune und bat den Farmer mit seinen wenigen Worten Englisch, die er kannte, um Hilfe. Dieser zögerte nicht lange, brachte Cándido ins Haus, gab ihm Essen und rief eine Spanisch sprechende Frau in der Nähe an, die Cándido abholte und ihm half, einen Fahrschein für den Überlandbus nach Los Angeles zu lösen. Dort verlief alles so, wie er es sich vorgestellt hatte: Er verdiente genug Geld um sich eine Unterkunft, Essen und bescheidenen Luxus zu leisten. Den Rest des Geldes schickte er an seine Frau in Mexiko. Nach einiger Zeit jedoch gab jemand der Einwanderungsbehörde einen Tipp und er wurde bei einer Razzia aufgegriffen. In einem günstigen Moment nutzte er und mit ihm zwei Teenager die Chance zur Flucht. Von den Beamten eingekreist versuchte Cándido aus der hoffnungslosen Situation über die Schnellstraße zu entkommen, die beiden anderen wurden jedoch von Autos erfasst und getötet. Betroffen floh er in den Canyon und betrank sich um das Trauma zu vergessen und fuhr nach einer Woche nach Hause zurück.

Bis spät in den Abend hat Cándido für Al Lopez gearbeitet und steigt nun mit fünfzig Dollar mehr in der Tasche den Canyon hinab, um durch den Tümpel zu ihrem Lager zu waten. América sitzt vor dem Feuer und ist damit beschäftigt, ihr zerschlissenes Kleid zu nähen. Als Cándido dies sieht, plagen ihn Schuldgefühle und er beschließt ihr am nächsten Tag ein neues Kleid zu kaufen. Er legt zur Begrüßung seine Hand auf ihre Schulter, sie jedoch weicht zurück; ihr Blick verheißt nichts Gutes. Auf Cándidos Nachfrage erzählt América nur, dass der Mann mit der Baseballkappe und ein Indio ihr Geld gestohlen hätten.

In den darauf folgenden Tagen hat América starke Schmerzen beim Urinieren, woher, weiß sie nicht. Cándido lässt sie von nun an nicht mehr zur Arbeitsvermittlung und so verbringt sie den ganzen Tag damit, alte Zeitschriften zu lesen, die Cándido ihr mitgebracht hat.

Nach drei Wochen kündigt Al Lopez Cándido, da der ausgefallene Arbeiter wieder genesen ist und Al lieber diesen beschäftigen will, da er eine Arbeitserlaubnis hat. Cándido ist verzweifelt und betrinkt sich.

3

An einem Sonntagabend im August herrscht Familienidylle bei den Mossbachers: Delaney grillt Tofu-Cevapcici, Kyra liegt am Pool und Jordan und Osbert laufen einem Ball hinterher. Beim Abendessen am Pool bemerkt Kyra beiläufig, dass sie auf der Shoup Avenue „aufgeräumt" habe. Delaney hakt sofort nach und Kyra erklärt ihm, dass sie nach ihrer Begegnung am Supermarkt Mike aufgefordert habe etwas gegen die Illegalen dort zu tun. Als sie erkennt, dass Delaney keineswegs glücklich darüber ist, beginnt sie erst sich zu rechtfertigen, schneidet dann aber ein völlig anderes Thema an.

Delaney erinnert sich - auslöst durch Kyras Bericht - an ein Erlebnis mit Jack Jardine vor zwei Tagen.

Jack hatte ihn zwei Tage zuvor abends von zu Hause abgeholt, um ihn mit einem Nachbarn, Dominick Flood, bekanntzumachen. Bei Flood angekommen, stellte Delaney fest, dass sich bereits einige andere Nachbarn vor den beiden dort getroffen hatten.

Nach einer Stunde guter Stimmung begann sich das Thema immer mehr auf einen Punkt zu konzentrieren. Offensichtlich war die Runde der Meinung, trotz des bereits errichteten Tores immer noch viel zu verletzlich zu sein. Delaney sprach schließlich entsetzt aus, was alle bereits dachten: Sie planten eine Mauer um die Siedlung.

Nach einem Stück Käsekuchen und kurzem Small Talk kam Jack Jardine aber erneut auf das Thema der Einwanderung zurück, in dem er sich über den Verbleib der Arbeitsvermittlung bei Dominick Flood erkundigte. Dieser konnte stolz berichten, dass seine Bemühungen erfolgreich waren und in einer Woche die Arbeitsvermittlung geschlossen werden würde.

Um sich abzulenken schlägt Delaney Kyra und Jordan vor, am Abend ins Kino zu gehen. Kyra winkt ab, aber Jordan und Delaney lassen nicht locker. Kyra verspricht Jordan mit ihm ins Kino zu fahren, wenn sie weniger zu tun hat. Als Delaney sich mit Kyra weiter über den Kinobesuch unterhält, bemerkt er eine Veränderung in ihrem Gesicht: Er wendet sich um und sieht, wie ein Kojote Osbert auflauert, ihn packt, mit ihm über den Zaun klettert und verschwindet. Delaney hat keine Chance ihm zu folgen.

4

In den folgenden fünf Tagen findet Cándido Arbeit. Die Arbeit ist hart und nur schlecht bezahlt, und zu allem Unglück prellt ihn sein Arbeitgeber am letzten Arbeitstag nach verrichteter Arbeit unter einem Vorwand auch noch um seinen Tageslohn. Aus Verzweiflung darüber, in den folgenden Tagen wiederum keine Arbeit finden zu können und um sich zu beschäftigen, erweitert Cándido ihre Hütte im Canyon und fängt Vögel und Eidechsen.

Als er eines Morgens – so wie jeden Tag – zur Arbeitsvermittlung kommt, bemerkt er, dass der Unterstand entfernt und das Grundstück, auf dem die Arbeitsuchenden sonst warten, abgesperrt ist. Cándido erkundigt sich bei einigen Hispaniern auf der anderen Straßenseite, doch auch sie wissen nichts. In diesem Augenblick fährt Candelario Pérez vor und erklärt ihnen, dass sie von nun an hier unerwünscht seien und die Immigrationsbehörde bald eine Razzia durchführen wolle. Ratlos, wo América und er nun leben sollen, irrt Cándido umher, als ihm eine Hand- und Aktentasche auffällt; sie liegt in einem Wagen, der vor dem Supermarkt geparkt ist. Er ringt noch mit sich selbst, die Aktentasche, in der sich womöglich Geld befindet, mitzunehmen, als die Besitzerin zurückkehrt und Cándido wie einem Bettler ein paar Münzen in die Hand drückt.

Nachdem die Arbeitsvermittlung geschlossen wurde, möchte Cándido ab dem nächsten Tag in der Stadt selbst nach Arbeit suchen; er will América im sicheren Versteck zurücklassen, doch diese will unter allen Umständen mit ihm gehen. Sie sehnt sich aus ihrem Unterschlupf hinaus in die Sauberkeit einer eigenen Wohnung oder eines Motels. Cándido will den Lohn lieber weiterhin sparen, doch da América energisch darauf pocht mit ihm zu kommen, willigt Cándido letztendlich ein und sie wandern in den frühen Morgenstunden des darauf folgenden Tages den Canyon hinab in die Stadt.

Auf ihrem Weg nach Canoga Park passieren América und Cándido Vorzeigeviertel mit schönen Wohnungsanlagen und großen Einkaufszentren. América ist von dem Anblick derart angetan, dass Cándido Mühe hat sie zum Weitergehen zu bewegen. Am Ziel angekommen gehen sie in einem kleinen mexikanischen Imbiss essen. América fühlt sich hier unter den vielen Spanisch sprechenden Menschen wesentlich wohler und könnte sich auch vorstellen, hier zu leben, doch wie sie an einer Arbeitsvermittlung erfahren, ist die Situation hier auch nicht viel besser. Der starke Zustrom von Arbeitsuchenden hat Markt und Löhne kaputtgemacht, selten finden die Tagelöhner noch Arbeit. Und so wandern Cándido und América den restlichen Tag durch die Straßen, bis sie vor einem Postamt Rast machen, weil América nicht mehr laufen kann. Ein Mann spricht die beiden an und bietet ihnen eine Unterkunft in der Wohnung seiner Tante an. Als er den Preis immer weiter senkt und ihnen förmlich die Wohnung aufschwatzt, lässt Cándido América auf der Mauer zurück um sich die Unterkunft anzuschauen.

5

In seiner neuen Kolumne „Pilgrim at Topanga Creek" reflektiert Delaney über die Probleme mit den Koyoten. Ausgehend von seinen eigenen Erfahrungen versucht er eine Lösung zu finden, doch er kommt zu dem Schluss, dass nicht der Koyote, sondern der Mensch für die Probleme verantwortlich ist und die Ausbreitung des Koyoten nicht zu stoppen ist.

6

Seit ihrer Begegnung mit den zwei Mexikanern fühlt sich Kyra unsicher. Die Erkenntnis so verletzbar zu sein und ihr Schicksal nicht komplett selbst in der Hand zu haben hat sie schwer getroffen. So ruft Kyra von nun an jedes Mal, bevor sie das Da Ros Haus betritt, kurz bei einer Sekretärin im Maklerbüro an: Sie haben vereinbart, dass diese die Polizei alarmiert, wenn Kyra sich nicht innerhalb einer Viertelstunde zurückmeldet. Am Haus nun angekommen, vergewissert Kyra sich noch einmal genau, dass niemand in der Nähe ist, bevor sie aussteigt und nach einem kurzen Kontrollgang durch das Haus die Alarmanlage für die Nacht einschaltet. Schnell begeht sie noch die Außenanlagen des Hauses, als ihr auf der Rückseite ein großer, an die Wand gesprühter Schriftzug auffällt: Pinche Puta (dreckige Hure).

Auf dem Rückweg vom Sport im Gemeindezentrum begegnet Delaney auf der Straße Todd Sweet, der den Autor und Schriftsteller Delaney dazu überreden will, gemeinsam mit ihm einen Text gegen die Errichtung der Mauer um Arroyo Blanco zu verfassen. Delaney fürchtet die Auseinandersetzung mit Jack und Kyra, die nach einem Telefonat mit Jack sich nun aktiv gegen die Mauer einsetzt. Nach einiger Überlegung willigt er schließlich ein und verspricht, sich bei Todd zu melden. Gerade als er in seine Straße einbiegt, begegnet er in der sonst menschenleeren Siedlung noch einer zweiten Person mit einer Tasche unter dem Arm, die das Grundstück seiner verreisten Nachbarn, den Cherrystones, betritt. Delaney stellt den Mann, den er erst als Mexikaner und dann zweifelsfrei als den Mann mit der Baseballkappe aus dem Canyon identifiziert, zur Rede, doch dieser ist von Delaneys Engagement sichtlich unbeeindruckt. Wütend fasst Delaney ihn am Arm und droht die Polizei zu rufen. Doch der Mexikaner reißt sich los, drückt Delaney einen Flugzettel, auf dem der Präsident von Arroyo Blanco die nächste Versammlung mit Abstimmung über die Mauer ankündigt, in die Hand und zieht weiter.

7

Geduldig wartet América eineinhalb Stunden vor dem Postamt auf Cándido, bevor sie sich auf dem Weg macht ihn zu suchen. Als die Dunkelheit hereinbricht und sie alle angrenzenden Straßen vergeblich abgesucht hat, kehrt América wieder zum Postamt zurück und wartet weiter.

Gegen Mitternacht weckt sie Cándido: Er ist blutüberströmt, sein Hemd und seine Hose zerrissen. Statt ihm eine Wohnung zu zeigen lockte ihn der vermeintliche Neffe in einen Hinterhalt, wo er mit einem Baseballschläger niedergeschlagen und ausgeraubt wurde. Cándido führt die orientierungslose und hungrige América durch die Straßen von Canoga Park, an einer Tankstelle leiht er sich den Schlüssel für die Toilette aus um sich das Blut abzuwaschen, bevor er sie zu einem geschlossenen Fastfood-Restaurant bringt, das ihm auf dem Weg in die Stadt aufgefallen ist. Trotz ihres Protests und Entsetzens beugt er sich tief in einen großen Müllcontainer und sammelt weggeworfenes Essen zusammen.

8

In Gedanken versunken sitzt Delaney an seinem Schreibtisch und sucht nach einer Idee für seine neue Kolumne, als es an der Tür klingelt. Obwohl dies seine reservierte Zeit zum Schreiben ist und er sich nur ungern dabei stören lässt, öffnet er schließlich aus Neugierde die Tür: Ein Mann des Bautrupps, der mit dem Bau der Mauer um Arroyo Blanco beauftragt wurde, bittet Delaney um Zugang zu seinem Grundstück. Delaney öffnet die Gartentür und sofort fängt eine Hand voll Mexikanern an, Material und Maschinen abzuladen, durch das Tor hinters Haus zu bringen und mit dem Bau der Mauer zu beginnen.

Wie jeden Abend nach dem neuerlichen Vorfall auf dem Anwesen der Da Ros, holt Kyra Delaney auch diesen Abend als Begleitung ab, bevor sie zum Haus der Da Ros fährt um es für die Nacht abschließen. Delaney, immer noch zornig über die Mauer, ist dieses Ritual zuwider. Er versucht Kyra bei ihrem Rundgang durch das Haus davon zu überzeugen, doch endlich die scheinbar unverkäufliche Immobilie abzustoßen. Auf dem Rückweg nach Hause halten sie am italienischen Supermarkt an um die restlichen Einkäufe für Thanksgiving, zu dem sie eine Reihe Gäste eingeladen haben, zu erledigen. Während Delaney Kyra beim Einkaufen begleitet, beschließt er die „Sache mit der Mauer" (nachdem er nun schon von Kyra eine Leiter geschenkt bekommen hat um über die Mauer zu klettern) als Tatsache anzuerkennen und endlich ruhen zu lassen.

Seit ihrer Rückkehr aus Canoga Park verhält sich América apathisch und geistesabwesend. Cándido ist unterdessen wieder auf der Suche nach Arbeit um eine Wohnung zu finanzieren. So trifft er eines Tages Señor Willis, der ihn für acht Dollar die Stunde anstellt. Anderthalb Wochen lang, in denen er erneut Geld für eine eigene Wohnung beiseite legen kann, arbeitet Cándido für Señor Willis. Für die Zeit nach Thanksgiving stellt dieser ihm sogar Arbeit für einen ganzen Monat in Aussicht, doch auch diese Nachricht kann América nicht erheitern.

Am Nachmittag des Feiertages – er hatte am Morgen vergeblich auf Arbeit vor dem Postamt gewartet – steigt Cándido den Canyon zum Supermarkt hinauf. Nachdem er einige Grundnahrungsmittel und zwei Liter Bier zur Feier des Tages in seinen Einkaufskorb gelegt hat, steht er in der Warteschlange an der Kasse. Zwei Männer vor ihm bekommen für ihren Einkauf von der Kassiererin als Thanksgiving-Geschenk einen Truthahn angeboten, den der eine von beiden überhaupt nicht haben, der andere jedoch an Cándido weitergeben will. Sie entschließen sich den Truthahn doch zu nehmen und werfen ihn Cándido zu, der sein Glück noch gar nicht fassen kann. Freudig rennt Cándido mit dem Truthahn ins Lager zurück und bei seinem Anblick bringt sogar América wieder ein Lächeln hervor. Während sie nun das Geschenk zum Braten über dem Lagerfeuer vorbereitet, sammelt Cándido Brennholz, doch ein Windstoß weht die Glut aus dem Feuer in die Bäume.

2.3 Socorro

1

Es ist Thanksgiving und Delaney und Kyra machen sich für eine Cocktailparty fertig, zu der sie von Dominick Flood eingeladen worden sind, während Jordan fernsieht, Kyras Mutter Kit im Gästezimmer ist und Orbalina, ihr Hausmädchen, in der Küche Vorbereitungen für das Abendessen trifft.

Als Delaney, Kyra und Kit am frühen Nachmittag bei Dominick Flood eintreffen, begrüßt er sie persönlich an der Tür. Etwa 100 Gäste sind bereits gekommen und drängen sich um ein großes Büffet mit allerlei exotischen Speisen und einem Spanferkel oder stehen an der Hausbar, die von zwei professionellen Barmixern bedient wird. Delaney versinkt bei der Musik eines Streichquartetts in Gedanken und verlässt seinen Gastgeber, Kyra und Kit, die sich sofort an Flood hält und ihm nicht von der Seite weicht.

Verloren steht Delaney mit einem Glas Bier an der Bar, doch da kommt Jack mit seiner Frau und seinem Sohn auf ihn zu und spricht ihn sogleich auf die überraschend große Resonanz auf Delaneys Kolumne an. Nun kommt Kyra, die sich prächtig amüsiert, in die Runde und das Thema wechselt daraufhin von Kojoten über den Bau der Mauer hin zu einem erneuten Einbruch. Delaney ist die ganze Zeit über nervös; auch den Rest des Nachmittages kann Delaney sich entspannen, als plötzlich Sirenen ertönen und jemand ein Feuer im Canyon meldet.

Als er dies hört, kämpft sich Delaney durch die Menge hindurch zu Kyra. Nach einer kurzen Verständigung beschließen sie nach Hause zu fahren, wo ihnen Jordan verängstigt entgegengelaufen kommt. Delaney schaltet den Fernseher ein um Näheres zu erfahren: Sie hören, dass sich das Feuer nun den Canyon hinauf in ihre Richtung ausbreitet und so zögert Kyra nicht lange und weist Delaney und Jordan an zu packen.

2

Die Bäume im Canyon brennen. Als Cándido das Feuer bemerkt, gerät er in Panik und hastig klettern er und América die steile Felswand des Canyons empor; gerade noch rechtzeitig erreichen sie die Kuppe. Sie flüchten an Polizei und Feuerwehr vorbei die Straße hinauf bis zum chinesischen Laden, wo sie an einem Wasserhahn trinken und ihre Kleidung tränken können. Inzwischen hat der Wind gedreht und das Feuer steigt nun in ihre Richtung den Canyon hinauf; Cándido will weiter laufen, aber América weigert sich.

In der Nacht liegen Cándido und América auf halber Höhe des Canyons im Gestrüpp, als bei América die Fruchtblase platzt. Cándido ist mit der Situation völlig überfordert und verlässt América, um Hilfe zu holen. Um sie bei Dunkelheit im Gelände nicht zu verlieren, sucht er zunächst in Hörweite die Umgebung ab und sieht dann eine Mauer, auf die er sogleich zuläuft. Er tastet sich an der Mauer entlang, bis er zu einem Geräteschuppen gelangt, in dem er eine Petroleumlampe und unter anderem einen Becher entdeckt, den er mit Wasser gefüllt zu América trägt. Er bringt sie zum Schuppen und versucht sich irgendwie nützlich zu machen, als in diesem Moment eine Siamkatze zur Tür hineinkommt und sich zu América gesellt.

3

Noch in den Kleidern von der Nachmittagsparty stehen Delaney, Kyra, Kit und Jordan zusammen mit anderen Anwohnern vor Arroyo Blanco. Die Siedlung ist evakuiert worden und so hatten die Mossbachers nur kurz Zeit, die wichtigsten Dinge ins Auto zu laden und sich vor der nahenden Feuerwalze zu retten. Kyra lehnt sich an Delaney, der versucht mit einem sarkastischen Witz die Stimmung aufzulockern. Kyra reagiert jedoch sehr geladen und wendet sich daraufhin von ihm ab.

Jack Cherrystone geht mit einer Flasche Hochprozentigem auf Delaney zu, der – entgegen seiner sonstigen Einstellung – bereitwillig trinkt. Plötzlich entdeckt Delaney José Navidad, der mit einem Begleiter aus dem Canyon heraufkommt. Delaney und Jack wenden sich an die Polizei, und Delaney sagt aus, dass er die beiden Mexikaner im Canyon gesehen hat. Einer der Polizisten befragt daraufhin José eindringlich und so erhebt Jack die Stimme und sagt lauthals dasselbe aus. Nun wird die Menge der Anwohner aufmerksam und umringt die Szene. Ein zweiter Beamter nimmt den Mexikaner fest, als der Polizist José Navidad jedoch abführen will, spuckt dieser Delaney ins Gesicht. Mossbacher schlägt sogleich auf ihn ein; ein Beamter drängt sich dazwischen und bringt den Mexikaner weg.

Am nächsten Morgen können die Bewohner in ihre Häuser zurückkehren, denn in der Nacht hat der Wind gedreht und Arroyo Blanco ist nur knapp dem Feuer entgangen. Die Mossbachers haben sich für den Rest der Nacht in einem Hotel eingemietet. Delaney bedauert sein Verhalten vom Vortag und erinnert an die Zeit zurück, als er und seine erste Frau Louise von Abtreibungsgegnern angegriffen worden waren: wütende Demonstranten voller Hass, von denen er letzte Nacht einer geworden ist.

Zu Hause angekommen springt Jordan aus dem Auto und sucht die Katze Dame Edith, die bei der Evakuierung weggelaufen war. Während Delaney den Wagen ausräumt, greift Kyra zum Telefon um sich bei Sally Lieberman nach dem Schicksal ihrer Immobilien zu erkundigen. Alles in allem scheinen sich die Verwüstungen durch das Feuer in Grenzen zu halten. Nur eines ihrer Häuser ist betroffen: das Da Ros Haus.

Um es mit eigenen Augen zu sehen möchte Kyra auf der Stelle dorthin fahren. Delaney redet auf sie ein zu bleiben, da betritt Kit Menaker das Zimmer. In ihrer Hand hält sie Dominick Floods Fußfessel, der die Verwirrung und Kits Zuwendung der vergangenen Nacht dazu genutzt hat die Flucht zu ergreifen. Kit ist den Tränen nahe und Kyra möchte sie trösten, als Jordan kommt und beklagt, dass er die Katze nirgends finden kann.

4

In den frühen Morgenstunden entbindet América im Schuppen ihr Kind. Cándido ist zunächst sehr stolz, bis er bemerkt, dass es sich statt des erhofften Jungen um ein Mädchen handelt, das América Socorro nennen möchte.

Während América und das Baby schlafen, klettert Cándido vom Dach des Schuppens über die Mauer und sucht zwischen den Häusern in Arroyo Blanco nach Verwertbarem. Nachdem er seine Taschen mit Werkzeug gefüllt und einige Säcke mit Obst gesammelt hat, findet er einen Eimer mit Hundefutter. Er benutzt den

Eimer um wieder über Mauer zu gelangen und hebt ihn danach über die Mauer.

Nun erkundet Cándido die Gegend nach einem neuen Lagerplatz. Diesen findet er auch nach kurzer Zeit und trägt die Säcke mit Obst sowie eine Anzahl Paletten, die am Schuppen lehnten, dorthin. Daraus baut er eine Unterkunft – allerdings noch ohne Dach – und kehrt zu América zurück, um sie zum neuen Lagerplatz zu bringen. Erneut läuft Cándido trotz der zurückkehrenden Bewohner nach Arroyo Blanco um einen kleinen Teppich, zwei Fressnäpfe und eine Plastikplatte mitzunehmen. Gerade als er sie über die Mauer werfen will, schaut eine Frau aus dem Fenster. Er bleibt reglos stehen und die Frau bemerkt ihn nicht. Er wirft die Platte hinüber, doch dann kommt die Frau mit einem Schäferhund aus dem Haus. Sie spielt mit dem Hund und als sie wieder ins Haus geht, nutzt Cándido die Gelegenheit um über eine kleine Trittleiter im Nachbargarten über die Mauer zu entkommen.

Er versteckt den Rest der Beute und schleppt die Plastikplatte zu seiner provisorischen Unterkunft um sie als Dach über die Paletten zu legen, tarnt die Konstruktion mit Gestrüpp und schläft dann erschöpft ein.

Nachdem er wieder erwacht ist, sieht er, dass América schon eine Menge des Obstes gegessen hat. Cándido weiß, dass sie jetzt andere Lebensmittel als nur Obst braucht, aber er hat nur 16 Dollar in der Tasche; der Rest ihres Geld liegt noch unter einem Stein im Canyon. Er grübelt noch darüber, wie er an Fleisch kommen könnte, als die Katze die Behausung betritt.

5

Kyra steht betreten vor der Einfahrt zum Da Ros Haus. Die Straße ist inzwischen wieder freigegeben worden, und so hat sie gleich die Gelegenheit genutzt um vor Ort nach dem Rechten zu sehen: Ringsherum hat sich der Garten in Asche verwandelt. Das Tor ist verklemmt und so geht sie den Weg zum Haus zu Fuß hinauf: Außer den Kaminen und verstreutem Schutt ist alles dem Feuer zum Opfer gefallen. Ihr geht der Verlust des Hauses – ihres Hauses – sehr nahe und sie ist wütend darüber, dass die beiden in der Brandnacht aufgegriffenen Mexikaner, die sie für das Feuer verantwortlich macht, aus Mangel an Beweisen freigelassen werden mussten.

Nachdem Delaney und Jordan Kit am Flughafen abgesetzt haben und nun nach Hause kommen, finden sie Kyra verstört vor dem Fernseher sitzen. Obwohl sie nur Maklerin des Objektes war, geht ihr der Verlust des Hauses sehr nahe. Delaney will sie ablenken und schlägt ihr vor nach dem Abendessen noch spazieren zu gehen: So könnten sie auch nach der Katze, die immer noch verschwunden ist, Ausschau halten.

Auf ihrem Spaziergang treffen die beiden Jack Jardine, der mit einem Oldtimer, einem seiner Hobbys, vorbeifährt und sie einlädt einzusteigen um ihnen etwas zu zeigen. Während der Fahrt erkundigen sich die Mossbachers bei Jardine nach dem Verbleib von Dominick Flood, dessen Anwalt er ist. Er wird verlegen und versucht, sich soweit wie möglich aus dem Vorfall herauszureden. So erreichen sie die Einfahrt zur Siedlung Arroyo Blanco Estates und Jack zeigt ihnen ein Graffiti links und rechts des Tores.

Einige Zeit später - im Dezember - findet Delaney, da er aufgrund des Winters keine ausgedehnten Wanderungen mehr unternehmen kann, eine neue Aufgabe: Er will die Sprayer, die die Mauer verschandelt haben, mit einem Fotoapparat stellen und das Beweismaterial der Polizei übergeben. Er bringt zwei Kameras vor der Mauer an, und verbindet Stolperdrähte so mit den Auslösern, dass mögliche Sprayer auf frischer Tat ertappt werden. Nacht für Nacht wacht er für mehrere Stunden in einem Versteck, allerdings ohne Erfolg. Als er jedoch eines Abends zu Gunsten eines Abendessens und Kinobesuchs mit Kyra auf seine Wache verzichtet, stellt er bei seiner Rückkehr am nächsten Morgen fest, dass an diesem Abend die Fotoapparate ausgelöst wurden. Er entwickelt den Film in der Dunkelkammer von Jack Cherrystone, der begeisterter Hobbyfotograf ist; Als die Chemikalien das Bild sichtbar machen, ruft der Anblick des Mexikaners auf dem Foto in Delaney böse Erinnerungen hervor: Es ist Cándido.

6

Nach drei Tagen traut sich Cándido zum ersten Mal nach dem Feuer wieder in den Canyon hinab um an ihrem alten Lagerplatz nach ihrem versteckten Geld zu suchen, das allerdings in der Hitze des Feuers zu einem unbrauchbaren Klumpen aus Metall und Plastik zusammengeschmolzen ist. Mit den verbliebenen sechzehn Dollar in seiner Tasche steigt er wieder den verbrannten Canyon hinauf und kauft im chinesischen Laden ein. América reagiert trotz Cándidos Bemühungen ungehalten und fordert ihn auf ihr eine Fahrkarte nach Hause zu kaufen. Sie will nicht zulassen ihr Kind ohne ausreichende Versorgung und ohne getauft zu sein inmitten der Natur aufzuziehen. Der Weg zu einem Pfarrer nach Canoga Park, der gleichzeitig Socorros Anspruch als geborene Staatsbürgerin der USA bestätigen könnte, ist allerdings weit. Als América eines Abends auf einem Hügel vor der Hütte sitzt, beugt sie sich über Socorro, die nicht auf ihre Bewegungen reagiert. América erkennt, dass ihre Tochter blind ist.

Da Cándido keine Alternative bleibt um Geld zu verdienen, wagt er sich zum Postamt um dort auf Arbeit zu warten. Niemand bietet ihm jedoch Arbeit an, sondern er erntet von den vorbei eilenden Passanten nur hasserfüllte Blicke. Durchnässt und frierend will er im Postamt Schutz suchen, einer der Beamten schickt ihn aber weg. Auch am darauf folgenden Tag will man ihn dort nicht sehen und als auch der chinesische Kaufmann Cándido fortschickt, wartet er vor einer Holzhandlung auf Bauunternehmer, die einen Arbeiter benötigen. So sitzt er – trotz der Gefahr, der Besitzer der Holzhandlung könnte (wie Gerüchte besagen) bei jedem Mexikaner die Polizei rufen – zwei Stunden vergeblich vor dem Laden. Als er weitergeht um Dosen zu sammeln, hält plötzlich ein Wagen vor ihm und der Mann, der ihn vor ein paar Monaten angefahren hat, springt heraus.

7

Ohne weiter darüber nachzudenken, hält Delaney seinen Wagen abrupt auf dem Seitenstreifen der Canyonstraße – das Heck noch auf der Straße – an. Er ruft von seinem Autotelefon die Polizei an um die Festnahme eines verdächtigen Mexikaners – seines Mexikaners - zu melden. Cándido sieht dies und überquert ohne Rücksichtnahme auf den Verkehr die Straße: Ein entgegenkommender Pick-up kann ihm nur knapp ausweichen, der Wagen gerät jedoch ins Schleudern, trifft erst die Leitplanke und danach Delaneys Acura.

Zwanzig Minuten später erreicht die Polizei das Unfallgeschehen, doch der Polizist interessiert sich nicht für Delaneys Erzählung vom Mexikaner, der den Unfall verursacht hat. Nachdem der Beamte seinen Bericht geschrieben hat und Mossbachers Wagen abgeschleppt worden ist, geht Delaney zu Fuß im strömenden Regen Cándidos Spur nach, um ihn aufzuspüren.

Kyra ist unterdessen unterwegs um Jordan bei einem Schulfreund abzuholen. Während sie durch die ihr unbekannte Gegend fährt, hält ihr Maklerblick ringsherum nach Immobilien Ausschau. Vor einer Einfahrt, die quer durch einen Wald mit alten Eukalyptusbäumen führt, steht ein Schild, dass dort ein Haus zum Verkauf steht: Neugierig lässt sie diese Gelegenheit nicht verstreichen und fährt auf das Grundstück. Kaum ist das Haus in Sichtweite, ist Kyra von seinem Anblick durch und durch fasziniert. Sie stellt den Wagen vor dem Haus ab, frischt ihr Make-up auf und geht auf die Anwohner zu, die nun aus der Tür kommen.

Delaney folgt der Spur, die der Regen langsam aufzulösen beginnt, bis in die Nähe von Arroyo Blanco, was ihm Erklärung genug für die dort verschwundenen Sachen und das Graffiti am Eingang ist. Da es aber bereits dunkel geworden ist, will er zum Haus zurückkehren und eine Taschenlampe holen, doch im Schein der Weihnachtsbeleuchtung bemerkt er, dass die Mauer erneut vollgeschmiert worden ist. Wütend überprüft er die Kameras, von denen eine absichtlich zerstört wurde. Er nimmt die andere mit und im Licht des Wachhäuschens am Eingang erkennt er, dass dieser Fotoapparat ausgelöst hat. Zu Hause angekommen, holt er einen Revolver, den Jack ihm vor einiger Zeit aufgeschwatzt hat, aus der Garage, zieht sich um und läuft zu Jack Cherrystone, um den Film zu entwickeln. Mitten in der Nacht betritt er mit einem im Garten versteckten Schlüssel sein Haus und beginnt den Film zu entwickeln, doch auf dem Foto wird nicht ein Mexikaner sichtbar: Es ist Jack Jr., der mit einem anderen zusammen die Mauer beschmiert. Obwohl das Foto eindeutig die Unschuld des Mexikaners an der Schmiererei belegt, wirft Delaney das Beweismaterial in den Müll. Für ihn ist Cándido schuldig und er bricht auf um das Lager zu finden.

8

Von der Begegnung mit Delaney immer noch verstört betritt Cándido seinen Unterschlupf, in dem América und Socorro auf ihn warten. Doch América hat noch eine weitere Sorge, die sie nur zögerlich vorbringt. Ihre Tochter ist blind; als Grund nennt América die Vergewaltigung. Dies trifft ihn wie ein Schlag. Im gleichen Moment kracht etwas von außen gegen die Baracke und kurz darauf schaut ein Weißer mit einem gezogenem Revolver herein.

Dem Geruch des Lagerfeuers folgend hatte Delaney das Versteck des Mexikaners gefunden. Vor dem Unterschlupf, den dieser aus allerlei entwendeten Sachen gezimmert hat, verliert er im aufgeweichten Boden das Gleichgewicht, reißt den Teppich, der den Eingang verdeckt, weg und richtet die Waffe in die Hütte. In diesem Augenblick stürzt eine Schlammlawine auf die Szene herab, die Lichter erlöschen und Delaney verliert die Orientierung.

Cándido steht der Situation ohnmächtig gegenüber und noch ehe er alles verarbeiten kann, spült eine Schlammlawine ihre bescheidene Unterkunft samt Insassen den Hang in den Canyon hinab. Dort hat sich der ehemals ruhige Bach in einen reißenden Fluss verwandelt, der Brücken und Straßen überspült hat. Cándido verliert den Kontakt zu América und diese zu Socorro. Doch nach einer wilden, unkontrollierten Fahrt inmitten des tosenden Wassers kann er sich zu América vorarbeiten, die sich am Dachfirst des Postamts, der aus den Wassermassen herausragt, festhält. Sie beide sind gerettet, Socorro ist jedoch verloren. Cándido verspürt weder Hass noch Wut über seine Lage und als er Delaneys Hand sieht, die aus dem Wasser ragt und sich am Dach festhält, ergreift er sie.

2.4 Die Interpretation der Handlung

Formal betrachtet spaltet sich der Roman in drei Hauptteile zu jeweils acht Kapiteln, die die Handlung in Sinnzusammenhänge gliedern, wobei die Übergänge zwischen den beiden ersten Teilen fließend sind.

„Arroyo Blanco“ erzählt von einem ruhigen Leben der Amerikaner. Dennoch zeigen der Bau des Tores und der Verlust von Sacheverell sowie Delaneys Wagen den Beginn einer Entwicklung, die Delaney – gesteuert durch seine liberalen Ideale – aufzuhalten versucht und in deren Verlauf er wieder zum Status quo zurückkehren möchte. Als er jedoch immer öfter mit der Realität um ihn herum konfrontiert wird, gerät Delaney ins Grübeln.

Diese Phase des Hinterfragens alter Werte und Vorstellungen verdeutlicht auch der Titel des Hauptteils, denn schon durch den Namen ihrer Siedlung „Arroyo Blanco“ wird die bisherige Lebensweise der Amerikaner karikiert. Obwohl sie von Fremdenfeindlichkeit und Rassenhass aufgestachelt sind und hart gegen die illegalen Immigranten vorgehen, ist es ihnen nicht bewusst, dass sie in einer Siedlung mit mexikanischem Namen und Straßenbezeichnungen (S. 186ff.) wohnen. Sie haben sich durch die Einflüsse ihrer Umwelt bereits ein Stück weit „mexikanisiert“ (S. 103, 188f.), denn ihr „Arroyo Blanco“ ist eigentlich eine amerikanische Mission (S. 30) in einem durch sie besetzten, fremden Land, in dem die Amerikaner die Einwanderer sind (S. 212, 316f.).

„El Tenksgeevee“ bildet hier das Gegenstück zum ersten Teil: Die Mexikaner nehmen nun ihrerseits ur-amerikanische Gebräuche wie das Thanksgiving-Fest in ihre Kultur auf und versuchen Teil der amerikanischen Gesellschaft zu werden. Sinnbild für diese Assimilation ist auch Al Lopez, der nun erstmals auftritt und der bereits zum (Halb-) Amerikaner wurde.

Im dritten Teil überstürzen sich nun die Ereignisse. Das Feuer bedroht die Existenzen der Mossbachers und der Rincóns und Delaneys Hass gerät außer Kontrolle. „Socorro“ vermischt die vorangegangene Handlung, entwickelt die bisherigen Geschehnisse weiter und führt auf das offene Ende zu.

Handlungsstränge

Die gesamte Erzählung unterteilt Boyle in zwei parallele Handlungsstränge (Sichtweise von Delaney/Kyra bzw. Cándido/América), die zwar zur selben erzählten Zeit spielen, jedoch streng nacheinander erzählt und z.T. über „Cliffhanger" miteinander verbunden werden. Für jede dieser Protagonistengruppen bildet die jeweils andere den vermeintlich bösen Gegenspieler, wodurch die Einteilung der Charaktere in Protagonist und Antagonist nur bedingt verwendet werden kann.

Nach und nach nähern sich die beiden Handlungsstränge an: Während anfangs jedes Kapitel nur aus einem Blickwinkel erzählt wird, wechselt Boyle später auch zunehmend innerhalb der Kapitel die Sichtweise, wodurch die empfundene Geschwindigkeit der Geschehnisse steigt und sich die gedankliche Distanz zwischen den Protagonistengruppen verringert. Höhepunkt dieser Entwicklung ist das letzte Kapitel in „Socorro", in dem sich auf nur wenigen Seiten zweimal die Perspektive ändert: Der Leser erlebt die kurze Zeitspanne des Zusammentreffens und des Erdrutsches aus den Augen von Delaney und Cándido; die letzte Szene schildert Boyle allerdings nur von Cándidos Sichtweise aus und ermöglicht dadurch eine Deutung des Endes in alle Richtungen.

Handlungsverlauf

Der Aufbau des Handlungsverlaufs aus Delaneys Perspektive enthält die Merkmale eines klassischen Dramas - nämlich Exposition, steigende Handlung, Klimax, fallende Handlung/Retardation und Katastrophe, wenngleich die Exposition von Boyle nicht so explizit wie z.B. in Theaterstücken mit klassischer Struktur ausgearbeitet ist. Sie wird gleichsam in die steigende Handlung verwoben, denn der Beginn der Handlung wurde bereits mit dem Autounfall (S. 3) angestoßen: Obwohl bereits die Folgen des Autounfalls geschildert werden, stellt der allwissende Erzähler noch hauptsächlich die Charaktere als solche dem Leser vor. Ein deutlicher Schnitt ist im dritten Kapitel erkennbar, als Sacheverell vom Koyoten gerissen wird (S. 36). „[T]he morning fell apart" (S. 36) beendet abrupt die morgendliche Routine im Hause der Mossbachers, die zuvor noch thematisiert wurde (S. 30ff.). Jetzt, da der Status quo mit dem Verlust von Sacheverell beendet ist, beginnt (abgesehen von Delaneys anfänglichem Wutausbruch (S. 11), der im Hinblick auf die Ausgangssituation eher als „Ausrutscher" zu bewerten ist) die Entwicklung der Charaktere und ihrer Ansichten.

Schon auf der Verfolgungsjagd macht Delaney sich erste Gedanken und identifiziert sogleich Immigranten, Schwarze und Kriminelle als diejenigen, die seine Nachbarn mit einem Tor aus Arroyo Blanco aussperren wollen (S. 39). Seine Ideale lassen ihn noch vehement gegen diese Ausgrenzung sprechen (S. 41 ff), aber bald regen sich erste Zweifel: „All of a sudden, the gate didn't sound like such a bad idea." (S. 43) Delaney steht weiterhin zu seiner liberal-humanistischen Einstellung und versucht Jack Jardine im Supermarkt seine Ansichten näherzubringen (S. 100 ff.). Als jedoch Cándido auf dem Parkplatz vor dem Supermarkt von einem anderen Weißen verprügelt wird und es nun darum geht, getreu der Theorie zu handeln, versteckt sich Delaney hinter seinem Auto (S. 105). Wut und Scham steigen in ihm auf und er möchte Cándido am liebsten aus seinem Leben verbannen:

> „His impulse was to intercede, to put an end to it, and yet in some perverse way he wanted to see this dark alien little man crushed and obliterated, out of his life forever." (S. 105)

Delaney greift nicht in den Streit ein und schon am nächsten Morgen haben sich seine Ansichten weiter radikalisiert. Er sieht sich jetzt selbst als Opfer des Autounfalls, hereingelegt und ausgenommen von Cándido („If anything, Delaney was the victim", S. 109). Da er immerzu an diesen Vorfall denken muss, geht er zur Ablenkung im Canyon wandern. Unterwegs in freier Natur beginnt er sich zu erholen (S. 111), doch als er erst auf ein wildes Lager (S. 112) und später auf José Navidad und einen Begleiter (S. 114) trifft, reißt ihm endgültig der Faden: „The hike was over, the day ruined. ... All he could think ... of hustling them right back to wherever they'd come from" (S. 115ff). Wütend stapft er zur Straße zurück und stellt dort fest, dass sein Auto gestohlen wurde (S. 118). Obwohl er keinerlei Beweise hat, sieht Delaney in Cándido den Schuldigen für den Diebstahl seines Wagens (S. 120) und, getrieben durch seinen immer stärker werdenden Rassismus, ist allein Cándidos Herkunft Grund genug für seine Schuld.

In „El Tenksgeevee“ setzt sich dieser Trend fort. Delaneys neues Auto (baugleich mit dem gestohlenen als Versuch zu seiner Ausgangslage zurückzukehren) hat nun nicht mehr das Nummernschild „Pilgrim“, auf das er so viel gehalten hat. Die Sache beginnt ihm über den Kopf zu wachsen: „He was losing control“ (S. 148). Beim Anblick des mexikanischen Parkplatzwächters melden sich zwar noch leise seine liberalen Ideale zu Wort („when he felt a deep shameful stab of racist resentment“, S. 149), doch schon nach dem Mittagessen erliegt er wieder seinem aufflammenden Hass: Selbst in freier Natur kann er sich nicht mehr entspannen und obwohl keinerlei Verdacht besteht, liegt er paranoid am Straßenrand und wartet darauf, sein neues Auto gegen einen möglichen Dieb zu verteidigen (S. 155).

Er kümmert sich nicht mehr um „political correctness“ („and there was no hesitation anymore, no reluctance to identify people by their ethnicity, no overlay of liberal-humanist guilt“, S. 184) und wenngleich er seine Idealvorstellungen noch nicht ganz vergessen hat („He was wrestling with his feelings, trying to reconcile the theoretical and the actual“, S. 185), zögert er dennoch, auf der Versammlung bei Dominick Flood für die Rechte der Mexikaner einzutreten (S. 188ff). Auch als ihn Todd Sweet dazu bewegen will einen Artikel gegen die Mauer zu verfassen, weicht er aus: Sein persönlicher Frieden mit Kyra ist ihm wichtiger als für seine Ideale einzutreten (S. 227). Beim Anblick von José Navidad probiert Delaney erst gar nicht mehr den wahren Grund für die Anwesenheit des Mexikaners zu finden, sondern unterstellt ihm gleich böse Absichten. Er steigert sich in seine Anschuldigungen hinein, den eigentlichen Grund für seinen Zorn liefert er erst zum Schluss: „The man was a thief, a liar, the stinking occupant of a stinking sleeping bag in the state forest, a trespasser, a polluter, a Mexican.“ (S. 229) Es klingt wie ein letzter verzweifelter Hilfeschrei seines Verstandes, da er seinen Irrtum erkennt: „Delaney took a step back, so devastated he couldn't speak – what was happening to him, what was he becoming?“ (S. 229). Dieser Schock hält für kurze Zeit vor.

An Thanksgiving spitzen sich die Dinge zu. Das Haus der Mossbachers ist akut von den Flammen bedroht und die Familie wird aus der Siedlung evakuiert. Als Delaney José Navidad und seinen Freund sieht, hetzten er und Jack Cherrystone die Menge aufgrund von Indizien gegen die Mexikaner auf und Delaney prügelt auf José ein.

„Amazing, he thought – and he didn't try to correct himself, not now, not ever again – amazing how the scum comes to the surface." (S. 286)

„... and he felt as much pure hatred as he'd ever felt in his life. ... Normally, Delaney would have stood off at a respectful distance, but he was anxious and irate and ready to lay the blame where it belonged ..." (S. 286f.)

„Delaney felt a thrill of triumph and hate – he couldn't suppress it ... and he lost all control." (S. 288f.)

Wiederum ist Delaney über sein Verhalten erschrocken (S. 290, 313) und im Nachhinein ist ihm sein Auftritt auch peinlich, er ändert sich jedoch dieses Mal nicht mehr („Well, he was one of them now. He was the hater, he was the redneck, the racist, the abuser", S. 290), sondern versucht stattdessen die Sache zu vergessen (S. 313).

Nach seinem Angriff auf José Navidad hat Delaney all seine liberal-humanistischen Ideale verdrängt und er verbringt, seit die Mauer um Arroyo Blanco von Unbekannten beschmiert wurde, Nacht für Nacht mit der Jagd auf den Sprayer. Der Anlass ist eigentlich gering, doch kanalisiert sich in dieser Aufgabe sein Hass, zumal Delaney als Täter einen Mexikaner vermutet.

„What it all added up to was Judgment Day for those sons of bitches who'd spray-painted the wall" (S. 317)

„This was a crusade, a vendetta." (S. 319)

Von Zorn und Hass betrunken opfert er gar seinen neuen Wagen (S. 332) um Cándido zu stellen, und als die Mauer erneut beschmiert wird, greift Delaney letztendlich zur Waffe (S. 343). Da die Entwicklung der Fotos allerdings nicht wie erwartet einen Mexikaner als Urheber zeigt, ignoriert Delaney diesen Beweis:

„That Mexican was guilty, sure he was, guilty of so much more than this." (S. 346)

Hier beginnt der Höhepunkt der Handlung: Bewaffnet ist Delaney zu allem bereit und er versucht nun, Cándidos Lager aufspüren.

Es ist der „point of no return“, an dem das drohende Unheil nicht mehr umzukehren ist. Benebelten Verstandes sucht er die direkte Konfrontation mit seinem Opfer:

> „... and the exhilaration that took hold of him was like a drug and the drug shut out all reason. He never gave a thought as to what he was going to do with the Mexican once he caught him – that didn't matter.“ (S. 347)

Er findet Cándido und steht ihm direkt gegenüber, doch bevor noch etwas geschehen kann, löst Boyle die Situation durch ein „deus ex machina“ auf und die „fallende Handlung“ beginnt: Der bereits durch ein „foreshadowing“ angekündigte Erdrutsch (S. 146) spült alle Beteiligten den Hang hinab und läßt die Charaktere gemeinsam ums Überleben kämpfen. Es scheint keine Rettung zu geben (S. 353), doch da klammert sich América an das Dach des Postamts und kann sich und Cándido in Sicherheit bringen. Dieser Lichtblick ist jedoch nur von kurzer Dauer: Ihr Baby und mit ihm alle Hoffnung ist verloren, als Cándido Delaney rettet (S. 355). Der Begriff der „fallenden Handlung“ muss allerdings wie schon zuvor bei der Exposition relativiert werden, da dem Höhepunkt hier kein langsamer Abstieg des Protagonisten folgt, sondern bereits nach wenigen Seiten schlagartig in der Auflösung endet. Diese Verschiebung des Höhepunktes an das Ende der Erzählung ist eigentlich ein Charakteristikum der spannenden Unterhaltungsliteratur.

Cándidos Handlungsverlauf folgt nicht dem strengen Schema eines Dramas, denn es ist z.B. weder eine bis zur steigenden Handlung abgeschlossene Exposition noch ein klassischer Höhepunkt erkennbar. So lernen wir während der ganzen Handlung laufend neue Details aus Cándidos Leben hinzu. Dabei werden kurze Fakten in die Erzählung der Geschichte mit eingeflochten (S. 25f.), große Rückblenden beleuchten von Zeit zu Zeit seine Vergangenheit und erklären die Hintergründe näher (S. 167ff). Da aber erst zur Hälfte des Romans alle Einzelheiten aufgedeckt sind, kann von einer Exposition im eigentlichen Sinne nicht gesprochen werden. Gleichermaßen gibt es keinen eindeutigen Höhepunkt, bis zu dem die Handlung ansteigt und nach dessen Überschreiten sie bis zur Katastrophe fällt. Es handelt sich vielmehr um ein stetiges Auf und Ab: Cándido und América erleben nach und nach immer wieder Fortschritte, doch auf jeden ihrer Aufstiege folgt auf den Fuß ein immer tieferer Fall, der jeden Erfolg zunichte macht.

Ausgangspunkt ist auch für Cándidos Sicht der Dinge der Zusammenstoß mit Delaneys Wagen (S. 3). Da seine schweren Verletzungen ihn daran hindern zu arbeiten (S. 16) und Geld und Nahrung bald knapp werden (S. 28, 80), beschließt América gegen Cándidos Willen arbeiten zu gehen (S. 25f.). Sie bleibt jedoch erfolglos und nachdem ihr Lager durch Jack Jardine Jr. verwüstet wurde (S. 60ff), erreichen die beiden ihren ersten Tiefpunkt.

Als América Arbeit findet, geht es wieder aufwärts (S. 92ff.) und ein besseres Leben ist in Sicht (S. 127). Auch am Tag darauf wird sie wieder von Jim Shirley angestellt (S. 130ff) und schmiedet bereits Zukunftspläne (S. 139), doch erneut wird alles zerstört: América wird vergewaltigt und beraubt (S. 141f.).

Dennoch geben Cándido und América die Hoffnung nicht auf. Bald darauf findet diesmal Cándido einen Job (S. 166, 195) und mit mehr als 300 gesparten Dollar wollen sie aus dem Canyon – wenn auch für nur eine Nacht – in die Stadt ziehen. Die Aussicht auf Arbeit ist in der Stadt allerdings noch schlechter (S. 209) und zu allem Übel werden sie wieder ausgeraubt und müssen von vorn anfangen (S. 234ff).

Erneut wenden sich die Dinge zum Besseren. Cándido trifft Señor Willis (S. 250) und verdient nun mehr als jemals zuvor (S. 251). Ein in Aussicht gestellter Monat kontinuierlicher Arbeit würde Cándido und América endlich ein eigenes Apartment ermöglichen (S. 253) und zu Thanksgiving bekommen sie einen Truthahn geschenkt (S. 256), der América aus der Resignation erwachen lässt (S. 256f.). Doch abermals scheint sich alles gegen sie zu verbünden: Das Lagerfeuer gerät außer Kontrolle und vernichtet ihr Lager (S. 274f.) und ihr gesamtes Vermögen (S. 321), und von nun an bleibt Cándido arbeitslos (S. 324, 328ff). Auch das Leben ihrer Tochter Socorro entwickelt sich zur Tragödie: América muss feststellen, dass das Kind, geboren unter spartanischen Umständen (S. 298), blind ist (S. 350). Schon bald stirbt Socorro (S. 355).

Dieses konzentrierte, kontinuierliche Unglück bringt Boyle im Namen seines Antagonisten auf den Punkt, der unbeirrt und schicksalsergeben jedes Mal den Neuanfang wagt:

> „[I]t comes from Candide, Voltaire's Candide, who is, you know, famous in literature. He is the man who bears all this ill luck, all the ill luck sent upon him. This is why I chose Cándido." (Schröder, S. 217)

Trotz aller Unterschiede verbindet alle Charaktere die gemeinsame Suche nach ihrem persönlichen American Dream. Diese Suche und die Erkenntnis, welchen Preis sie für seine Verwirklichung zu zahlen haben, bildet die Hauptaussage des Romans.

So liegt Delaneys Motivation darin begründet den Status quo für sich und seine Umgebung aufrechtzuerhalten. Er träumt von einem ruhigen Leben in heiler Natur (S. 154), diesen Wunsch zerstört er sich allerdings selbst, denn sein egoistischer Anspruch auf eine verklärte Natur und seine überzogenen Reaktionen hindern Delaney seinen American Dream zu erreichen. Er ist im Gegensatz zu Cándido und América der Einzige, der sich seinen Traum selbst zerstört.

Kyras Lebensinhalt ist ihr Geschäft und ihre Häuser. Als „Königin eines Zauberreichs" (S. 70, dt. S. 84) geht sie völlig in ihrer Arbeit auf (S. 36, 148) und arbeitet selbst am Wochenende und in ihrer Freizeit (S. 221). Der Preis für ihren Erfolg (S. 122) ist jedoch hoch: Er kostet ihr Familienleben (S. 193, 267). Im Laufe der Erzählung entdeckt sie das Da Ros Haus für sich, es ist ihr Traumhaus, das sie sich schon immer gewünscht hat und das sie von nun an wie in einem Bann gefangen hält. Es ist kurios, dass ihr „American Dream" (S. 90, 122, 222) eigentlich ein europäischer ist (S. 74), und als dieser Traum gefährdet und später zerstört wird, verzweifelt die sonst knallharte Geschäftsfrau (S. 220ff, 310ff).

Cándidos und Américas Wunsch nach einem eigenen Heim ist bescheidener: „A clean white on [house] made out of lumber that smells like the mountains, with a gas range and a refrigerator, and maybe a little yard so you can plant a garden and make a place for the chickens" (S. 28f.) Sie beide sind gewillt dafür hart zu arbeiten (S. 166f.), doch die Verwirklichung ihres Traumes müssen sie mit dem Preis ihrer Gesundheit bezahlen (S. 21, 131ff).

Trotz ihrer Opferbereitschaft bleibt der Wunsch auf ein eigenes Heim nicht mehr als ein Traum, der von allen Seiten blockiert wird: José Navidad (S. 140ff, 175), Grenzschlepper (S. 59), ihre eigenen Landsleute (S. 235), Amerikaner (S. 3, 60ff) und schließlich auch die Natur (S. 321f.) vernichten die kleinen Fortschritte immer wieder aufs Neue.

Interpretationsmöglichkeiten des Endes

Viele Literaturkritiker bemängeln in Boyles Werken, dass er trotz großer Kritik dem Leser nie eine Lösung oder eine Antwort auf das Problem bietet. Auch in „The Tortilla Curtain" bezieht Boyle nicht selbst Stellung und bleibt auch hier eine Lösung des Immigrationsproblems schuldig.

> „I have still two minds on the issue of illegal immigration and I don't think it is easily resolvable." (Schröder, S. 213)

Diese Unentschlossenheit verdeutlicht auch das Ende des Romans: Nach der Rettung Delaneys enthält er dem Leser sowohl den Standpunkt des Geretteten als auch einen möglichen, erklärenden Gedanken Cándidos vor. Auch die fehlende Veränderung von Delaneys Ansichten und Gedanken in der Schlußszene verstärkt das offene Ende.

Ob die Geste des Händereichens als Zeichen der Hoffnung bzw. Vergebung gemeint ist oder ob sie Delaney und Cándido im gemeinsamen Scheitern am American Dream vereint, überlässt Boyle dem Verständnis des Lesers. Er löst diese Frage auch in Interviews nicht direkt auf:

> „Have you ever wondered what Delaney is going to do when he actually comes above the surface and looks Cándido in the face?
>
> I love to think about ten minutes after the novel ends. Cándido is going to bring him up onto the roof, they're going to sit there in the rain, and I think if there was another chapter then it would be Delaney's point of view, and he would be reevaluating I think. I think he would be reevaluating. I don't know if it's going to change his behavior back, because in one sense the novel is an anatomy of what racism and scapegoating are." (Appell)

Boyles pessimistische Lebenseinstellung, die auch an anderen Stellen im Roman zum Vorschein kommt, legt allerdings die zweite Alternative nahe.

> „Well, I have to tell you the truth. I have no hope whatsoever for anybody. I think we're all doomed, and doomed soon by overpopulation. I think within a century, certainly. By the various plagues, famines and wars that are to come because we are incredibly, vastly, overpopulated. In fact, that's the basis of this book also." (Schnabel)

> „Daran [eine Lösung in den Romanen anbieten] habe ich [Boyle] auch schon gedacht, aber mein Verleger hat da nicht mitgemacht. Ich wollte, dass er in meinem neuen Buch hinten zwei Pillen einklebt, mit denen man sich umbringen kann." (Lutterbeck)

Der selbst ernannte Literatur-Punk (Galante) liebt es Konventionen zu brechen und Erwartungen zu enttäuschen, und wird auch daher seit langem als „enfant terrible" der zeitgenössischen Fiktion gehandelt, denn eine saubere Lösung mit Happy-End gibt es für ihn nicht:

> „I think that's what everyone wants, a kind of icing on the cake, the sit-com, Bunky ran over the garbage can and Sis got a new one before Dad got home and it's over at the end and there's no issues to take, nobody feels bad. I want people to feel bad. I don't want any icing on the cake. I want to rub your nose on it. ..." (Appell)

3 Figurenkonstellation

3.1 Amerikaner

Hauptfigur des Romans ist der Naturliebhaber Delaney Mossbacher, der zusammen mit seiner zweiten Frau Kyra Menaker-Mossbacher, ihrem Sohn Jordan, den zwei Hunden Osbert und Sacheverell und der Katze Dame Edith (S. 30) in der privaten Wohnsiedlung Arroyo Blanco nahe der Millionenstadt Los Angeles eine ruhige und geordnete Existenz führt. Gemeinsam bewohnen sie ein Haus im Pinon Drive (S. 3), das letzte in der Straße, bevor sich die Siedlung in der Natur verliert (S. 63f.). Vor sechs Jahren erst gegründet, bietet die Anlage Arroyo Blanco den Bewohnern von etwa 250 Häusern, die alle auf 0,6 Hektar großen Grundstücken stehen, neben einem exklusiven Anwesen außerdem einen Golfplatz, zehn Tennisplätze und ein Gemeinschaftszentrum (S. 30). Eingebettet in die Hügel oberhalb des Topanga Canyon gibt sie den Bewohnern die Atmosphäre einer ländlichen Idylle, wenngleich die unmittelbare Nähe der Stadt, die sich im Norden, Osten und Süden bis ins scheinbar Unendliche ausbreitet (S. 63), allgegenwärtig ist.

Der 39-jährige (S. 114) Protagonist Delaney ist in jeder Hinsicht politisch korrekt. Er versteht sich als liberaler Humanist, fährt einen japanischen Wagen mit dem personalisierten Nummernschild „PILGRIM", begeht keinerlei Verkehrssünden, recycelt seinen Müll (S. 3), ist Mitglied in der demokratischen Partei und verschiedenen Naturschutzorganisationen, lebt gesundheitsbewusst, ist Nichtraucher (S. 34) und emanzipiert: Während seine Frau als Maklerin arbeitet, erledigt Delaney im Gegenzug den Haushalt (S. 35). Als begeisterter Naturliebhaber ist er oft auf Wanderungen, so dass eine Tasche mit Wasser, Schlangenserum, Sonnenschutzcreme, Karte, Kompass, Jacke und Feldstecher immer gepackt bereit liegt (S. 110). Vier Stunden täglich arbeitet er an seiner Kolumne „Pilgrim at Topanga Creek", die als Homage an Annie Dilliard und für seinen monatlichen Beitrag zur Zeitschrift „Wide Open Spaces" schreibt und in der er seine Naturbeobachtungen schildert (S. 32).

Da er bei sich persönlich einen tieferen Blick im Vergleich zu den anderen Menschen entdeckt hat, schweift er regelmäßig von seinem eigentlichen Thema, der Flora und Fauna im und um den Topanga Canyon, ab und lenkt seinen Blick auf globalere Probleme wie beispielsweise Überbevölkerung oder die Abholzung der Wälder (S. 32). Ebenso engagiert wie in Umweltfragen zeigt er sich auch bei politischen Themen. In Diskussionen tritt er für die Rechte der mexikanischen Immigranten ein (S. 101f), denn auch er ist sich seiner Herkunft bewusst: Vor zwei Jahren (S. 12) von New York (S. 225) nach Kalifornien gekommen, ist auch Delaney an der Westküste ein Fremder, wie es seine Großeltern in Amerika waren, als sie von Bremen bzw. Irland in die USA nach New York einwanderten (S. 102).

Delaney's Frau, die emanzipierte Kyra Menaker-Mossbacher (S. 36), arbeitet als Maklerin für Mike Bender Realty, Inc. (S. 36) und hält wenig von Delaney Idealen (S. 220). Für Delaneys Freude an der Natur hat sie als gestresste Workaholic ohnehin keine Zeit: Zehn bis zwölf Stunden täglich an sechs Tagen in der Woche versucht sie die ihr anvertrauten Objekte an den Kunden zu bringen, so dass kaum Zeit für ihren Mann, ihren Sohn oder andere Aktivitäten bleibt (S. 267). Selbst Essenspausen (S. 148) und Feierabende (S. 221) nutzt sie um sich in ihre Unterlagen zu vertiefen, und während sie mit ihrem Wagen, einem mitternachtsblauen (S. 149) Lexus, von einem Termin zum anderen unterwegs ist, hält sie stets die Augen für mögliche Geschäfte (S. 157, 337) offen.

Nach außen zeigt sich Kyra als die eiserne Geschäftsfrau. Immer ist sie um ihr Geschäft und ihre Karriere bedacht und sobald etwas den Wert ihrer Objekte (S. 158) oder ihres Eigentums gefährdet, handelt sie schnell (S. 219) und engagiert (S. 219, 227).

Freund des Ehepaars ist ihr Nachbar, Berater und Anwalt Jack Jardine (S. 15), der zugleich seit zwei Jahren (S. 100) dem Verein der Eigentümer von Arroyo Blanco als Präsident vorsteht (S. 15). Jack arbeitet in einem Büro in Century City (S. 315), am Wochenende beschäftigt er sich allerdings mit seinem Oldtimer, einem 1953 MG TD (S. 314), der eines seiner Hobbys ist. Jack Jardine steht der illegalen Einwanderung – wie die meisten anderen Weißen in Arroyo Blanco – kritisch gegenüber, allerdings versucht er, seine Ablehnung durch rationale, fachliche Beiträge (S. 102) zu untermauern. Auch teilt Jack nicht Delaneys Vorstellung von der „Einwanderernation Amerika“. Er betrachtet sich und seine Familie als Einheimische, da seine Vorfahren bereits im Revolutionskrieg (S. 101f.) gekämpft haben. Wenngleich Jack Jardine Delaneys Argumente anhört, darauf eingeht und seine Meinung ernst nimmt (S. 101), versucht er jedoch Delaney und die anderen wie z. B. Kyra in ihrer Meinung zu beeinflussen und auf seine Seite zu ziehen und nutzt dabei auch tragische Ereignisse wie den Verlust von Osbert zu seinem Vorteil aus (S. 218).

Stärker und drastischer geht in dieser Hinsicht Jim Shirley vor, den Delaney auf einem Treffen, zu dem ihn Jack mitnimmt, kennenlernt (S. 187). Shirley betreibt ein Importgeschäft (S. 93), in dem er Mexikaner, aber auch andere Arbeitskräfte illegal beschäftigt (S. 93) und so von ihnen profitiert. Gleichzeitig aber schürt er bei den Weißen Hass gegen die illegalen Einwanderer aus dem Süden. Er ist es, der auf dem Treffen bei Dominick Flood die Diskussion um Einbrüche ins Rollen bringt (S. 188) und schließlich als „typische[r] Unglücksbote“ (S. 188) die Geschichte der überfallenden Sunny DiMandia populistisch für seine Stimmungsmache ausschlachtet (S.190).

Lediglich der „Athlet“, den Delaney auf der Versammlung mit Abstimmung über das Tor trifft (S. 43) und der sich ihm später als Todd Sweet vorstellt (S. 225f.), bleibt seinen demokratischen Idealen treu und handelt auch nach ihnen (S. 226f.). Todd Sweet stellt den wirklichen „liberalen Humanisten“ in Arroyo Blanco dar, welcher für Delaney ein Stück weit eine Vorbildfunktion ausübt. Mossbacher versucht anfangs diesem Ideal auch in Diskussionen zu folgen (S. 100f.); an der konkreten Umsetzung der Idealvorstellungen hapert es jedoch (S. 227f.) und im Laufe der Zeit scheitert sie an seinem immer stärker werdenden Hass.

3.2 Mexikaner

Antagonist der Handlung ist der 33-jährige Mexikaner Cándido Rincón (S. 26), der sich mit seiner 17-jährigen (S. 24) Frau América eines Nachts aus seinem Heimatdorf in Mexiko davongeschlichen hat (S. 177) um in den USA ein besseres Leben zu führen. Der einfache Wunsch der beiden im Norden ein bescheidenes Leben zu führen („A house, a yard, maybe a TV and a car too – nothing fancy, no palaces like the gringos built – just four walls and a roof. Was that so much to ask?", S. 29) stößt jedoch immer wieder auf Hindernisse und América muss auch bald einsehen, dass hier kein zweiter Garten Eden (S. 29) zu finden ist.

So leben die beiden in ständiger Angst (S. 22) von der amerikanischen Einwanderungsbehörde INS ausgewiesen zu werden, denn auch Cándido ist während seiner zahlreichen Aufenthalte (S. 51) schon drei Mal aufgegriffen und wieder nach Mexiko zurückgeschickt worden. Zudem müssen sie nicht nur die Amerikaner, die den illegalen Immigranten ständig neue Steine in den Weg legen, fürchten, sondern sich zusätzlich vor ihren eigenen Landsleuten in Acht nehmen. Immer wieder bekommen Cándido und die schwangere América zu spüren, dass die Illegalen untereinander uneins und skrupellos sind: América wird von Mexikanern vergewaltigt, zweimal werden beide bestohlen.

Gerade Cándido, der das Stereotyp eines Machos verkörpert und durch und durch von Rollendenken (S. 26) geprägt ist, macht dies zu schaffen. Nach seinem Unfall zu Beginn des Plots kann er nicht mehr auf América aufpassen und sie beschützen, er sieht seine América den Mexikanern wie einen Topf Honig den Bienen (S. 26) ausgeliefert. Schlimmer als diese Vorstellung ist für ihn die Vorstellung, dass er nicht für sie sorgen kann und dass umgekehrt sie sogar für seinen Unterhalt aufkommt.

> „...everyone, even the poorest, had a house, a card and a TV – and now he couldn't even put food in her mouth. Worse: she was going to earn his keep." (S. 26)

Auch die Tatsache, dass América statt des von Cándido wie selbstverständlich erwarteten Sohns eine Tochter (S. 298) bekommt, steigert seinen Minderwertigkeitskomplex (S. 80) weiter, dessen Ursache auch in seiner Ehe mit Resurreccion (S. 51) zu suchen ist. Damals traf ihn die Nachricht, dass seine erste Frau Resurrección nicht von ihm, sondern von einem anderen (mit dem sie dann auch letztendlich durchbrannte) schwanger geworden ist, so schwer, dass er dem Alkohol verfiel und erst lange danach wieder ein normales Leben führen konnte.

América ist es, die Cándido mehrmals wieder aufbaut und den Mut zum Weitermachen gibt. Und obwohl durch den Hass der Amerikaner, Mexikaner und durch Unglück ihre kleinen Fortschritte in Richtung bescheidener Wohlstand immer wieder zerstört werden, versuchen sie mit beachtlicher Tapferkeit jedes Mal aufs Neue ihren American Dream durch ehrliche Arbeit zu verwirklichen. Nur als die Not zu groß wird, wendet Cándido, der im Gegensatz zu seinen Landsleuten große Zivilcourage zeigt (S. 27), zweifelhafte Mittel an (S. 299); denn auch wenn er sein Versprechen an América für ein besseres Leben nicht einhalten kann, ist er doch stets bemüht ihrem Traum wenigstens ein kleines Stück näher zu kommen.

> „I want one of those houses“, she said. „A clean white one made out of lumber that smells like the mountains, with a gas range and a refrigerator, and maybe a little yard so you can plant a garden and make a place for the chickens. That's what you promised me, didn't you?“ (S. 28f.)

Die Verkörperung des bösen Immigranten, der skrupellos nur seinen Vorteil sucht, fällt in der Erzählung José Navidad zu. Er bildet das Gegengewicht zu Cándido und América, durch das Boyle den Leser daran hindert, Amerikaner und Mexikaner in Gut und Böse einzuteilen. Für alle Hauptfiguren tritt José als Gefahr auf und wird von ihnen als Bedrohung empfunden: Delaney sieht in José Navidad einen potentiellen Dieb in Arroyo Blanco (S. 229) und einen Eindringling im Canyon (S. 115), den es zu vertreiben gilt. Auch Kyras Begegnung mit ihm (S. 164f.) erfolgt alles andere als erfreulich. Von seiner Anwesenheit vor dem Da Ros Haus erschreckt, fühlt sie sich von nun an von den Mexikanern – unter anderem auch durch das spanische Graffiti auf der Wand – bedroht. Ebenso ergeht es Cándido, der Navidad im Canyon trifft und sich von ihm und seiner Bösartigkeit gefährdet sieht (S. 88ff.).

Nur América kann sich ihm nicht entziehen und wird von José Navidad, dessen „Markenzeichen" eine verkehrt herum aufgesetzte Baseballkappe der San Diego Padres (S. 81, 116) ist, vergewaltigt (S. 141f.).

Al Lopez hat nicht die Sorge der anderen Mexikaner von der Einwanderungsbehörde ausgewiesen zu werden. Er ist mexikanischer Amerikaner (S. 166), der den Sprung vom Immigranten in die amerikanische Gesellschaft geschafft hat und nun von den Amerikanern anerkannt wird (S. 159ff.). Dies zeigt sich u.a. auch in seinem Namen, der sowohl eindeutig amerikanische wie spanische Elemente umfasst. Auch Cándido empfindet dies, denn er bemerkt, dass Lopez Englisch wie die Amerikaner, aber auch noch seine Muttersprache Spanisch spricht (S. 166). Al Lopez hat die Assimilation in die amerikanische Gesellschaft geschafft. Doch gerade in diesem Punkt zeigt sich eine weitere Ironie: Obwohl er „noch" Mexikaner ist und somit ihre schwierige Lage kennt, ist er schon „so weit" Amerikaner, dass er als Bauunternehmer für die Weißen einen Zaun errichtet, der die Immigranten aussperren soll und von der preiswerten Arbeit der Illegalen profitiert (S. 160f.).

4 Weitere Themen und Aspekte

4.1 Autos

Wie kaum ein anderer Gegenstand des täglichen Gebrauchs wird das Auto als das klassische Symbol für die amerikanische Gesellschaft und ihren Lebensstil empfunden: Es gehört für einen Amerikaner dazu, sein eigenes Auto zu besitzen. Und so haben selbst die ärmsten Amerikaner ihr eigenes Auto (S. 26, 29), um mobil in einer Gesellschaft zu sein, die auf Fußgänger keine Rücksicht nimmt und für die der Besitz eines Wagen die Eintrittskarte ist.

Das Auto ist daher Sinnbild für den gelebten amerikanischen Traum und in dieses Statussymbol ihres gesellschaftlichen Erfolgs investieren die Amerikaner viel Arbeit und Geld (S. 3, 146, 155f., 314f.); Für eine erfolgreiche Geschäftsfrau wie Kyra gehört es zum guten Ton einen schicken und teuren Wagen zu fahren, während Señor Willis, der von der Hand in den Mund lebt, mit einem klapperigen alten Auto (S. 250f.) unterwegs ist.

Auffällig ist die verwendete Wortwahl, denn oft werden Autos mit Beschreibungen aus dem Wortfeld „Mittelalterliche Burgen" charakterisiert:

> „One after another the faces of the drivers came at him, shadowy and indistinct behind the armor of their smoked-glass windshields." (S. 5)

> „... he'd seen it [the Acura dealership] as a bastion of the familiar and orderly ... And the cars themselves, hard and unassailable" (S. 13)

> „All that steel, that glass, that chrome, that big hot iron engine – it was like a tank coming at him, and his only armor was a cotton shirt and pants and a pair of worn-out huaraches." (S. 17)

Für die Amerikaner stellen ihre Autos nicht nur die Mobilität sicher, sie dienen ihnen zudem auch noch als Schutz vor ihrer Umwelt:

„The car was her sanctuary, and with the phone switched off and the waves rolling from the front speakers to the rear and back again, nothing could touch her. Just sitting there, locked in, the exhaust rising about her, she began to feel better." (S. 73)

„The three of them froze just behind Delaney's car as the trouble came toward them" (S. 104)

Die Amerikaner stellen ihren verwirklichten Dream wie auf einem Thron sitzend (S. 129) in ihren Autos zur Schau und versuchen, den Illegalen Autos - Sinnbild für diesen Traum - vorzuenthalten. Der Grund ist klar: Wer selbst kein Auto besitzt, ist nicht Teil ihrer mobilen Gesellschaft. Auch Delaney bekommt diese Ausgrenzung zu spüren, als er ohne Auto die Straße entlang geht:

„... the road wasn't designed for pedestrians. Horns blared, tires screeched, some jerk threw a beer can at him. For fear of his life he had to hop the guardrail and plow through the brush" (S. 119)

„She [América] had to walk back up the canyon in the bleak light of the declining day while the cars shwished by her in a lethal hissing chain, and in every one a pair of eyes that screamed, Get out, get out of here and go back where you belong" (S. 19)

Diesen Traum vom Auto verweigert z.B. der Autohändler Kenny Grissom einer Frau aus Guatemala, die gerne einen Wagen wie die Amerikaner auf Kredit kaufen möchte (S. 147). Ähnlich ergeht es Cándido und seinen Landsleuten, denen in Idaho ein schrottreifer Wagen für 375 Dollar verkauft wird, der schon bald liegen bleibt. Für die aufgegriffenen Mexikaner ist dieses Schrottauto wie das Autowrack im Canyon (S. 86) Symbol für den gescheiterten Traum, ein besseres Leben im Norden zu führen.

4.2 Essen

Während die Weißen im Überfluss leben und aus Achtlosigkeit und Desinteresse unberührtes Essen wegwerfen (S. 249, 200), müssen América und Cándido die Abfälle der Wohlstandsgesellschaft essen, um nicht zu verhungern („garbage, they were going to eat garbage“, S. 238). Nur selten haben sie mehr als das Nötigste zu essen (S. 27f., 80, 307f.), ansonsten leben sie spärlich und kaufen hauptsächlich billige Lebensmittel wie Reis oder Tortillas (S. 24, 27f., 197, 205).

Im Gegensatz zu den hungernden Einwanderern aus dem Süden sind die Weißen dagegen satt und wohlgenährt. Sie brauchen sich um ihre Grundernährung nicht zu sorgen, sondern essen vielmehr teure, ausgefallene Speisen aus aller Welt (S. 98, 247f.). Durch totalen Überfluß abgestumpft, spielt Jordan nur noch mit seinem Essen (S. 33, 184) oder möchte aus Langeweile essen und trinken (S. 264). Für die Amerikaner ist ihre Nahrung entzaubert und nicht viel mehr als eine Notwendigkeit. So betrachten Delaney und Kyra ihr Frühstück auch nicht als einheitliche Mahlzeit, sondern die von ihnen konsumierten Lebensmittel werden aufgrund ihrer Nährwerte ausgesucht und komponiert.

> „orange juice ... that held her twelve separate vitamin and mineral supplements“ (S. 35)
>
> „lightened with skim milk – for the calcium“ (S. 34)

Ebenso sorgen sie für Jordan: Anstatt Speck und Eiern bekommt er nur einen abgepackten Riegel zum Frühstück mit der Begründung, dass dies gut für ihn sei (S. 34f.). Der natürliche Charakter des Essens verschwindet hinter bunten Folien, Dosen und Packungen und Cándido bemerkt zu Recht bei seinem Besuch im Supermarkt, dass die Amerikaner ihre Nahrung sterilisieren und ihr jegliches Leben nehmen.

> „these people sanitized their groceries ... and drove the life from everything, imprisoning their produce in jars and cans and plastic pouches“ (S. 122)

So ist es auch nicht verwunderlich, dass die beiden Männer mit dem Truthahn, den sie im Rahmen einer Sonderaktion für einen Einkauf über 50 Dollar gratis erhalten (S. 248), nichts anfangen können.

> „What the hell do we want with a turkey?“ (S. 255)

Sie haben keinen richtigen Bezug mehr zu „ursprünglichem“ Essen, alles muss geordnet, abgepackt und portioniert (S. 99) sein, aufgeschlüsselt nach den richtigen Nährstoffen. Unter Kochen, also der Zubereitung des Truthahns, verstehen die beiden die Benutzung einer Mikrowelle. Mit dem „Kochen“ eines Truthahns, der nicht dort hineinpasst, sind sie schlichtweg überfordert und der Truthahn ist somit für sie wertlos.

> „You gonna cook it?“ the first man said.
>
> „Cook it? You think it'll fit in a microwave?“
>
> „That's what I'm saying: what the fuck do we want with a fucking turkey?“ (S. 255)

Dabei ist doch gerade der Truthahn das Symbol für das amerikanische Thanksgiving-Fest, welches wiederum auf die Pilgrim Fathers, die nach Amerika auf der Suche nach religiöser Freiheit – ihrem American Dream – gekommen sind, zurückgeht. Somit symbolisiert der Truthahn den Dank der ersten Siedler für die Verwirklichung ihres amerikanischen Traums (Fußfassen der Pilgrim Fathers in Amerika, Dank für das Überstehen des ersten Winters). Den beiden Amerikanern fehlt die Identifikation mit ihrer eigenen Tradition: Für sie ist der Truthahn – also die Erinnerung, dass der American Dream verwirklicht wurde – bedeutungslos, für Cándido und América stellt das Geschenk jedoch einen unermesslichen Reichtum dar:

> „But what luck, he thought, skittering down the road, what joy, what a coup!“ (S. 257)

Ein einzelner Truthahn und zwei Flaschen Bier sind für Cándido und América bereits ein Festmahl und der Anblick des Bratens lässt América aus der Resignation über ihren gescheiterten Traum, in den USA ein besseres Leben zu führen, erwachen (S. 257).

Maßloser Überfluss herrscht dagegen auf den Partys der Weißen. Auf Dominick Floods Empfang tummeln sich an die hundert Gäste am frühen Nachmittag um ein großes Büffet, bei dem es an nichts zu mangeln scheint, und auch Delaney hat sich auf diesen Festtag vorbereitet. Er will den Jardines, die an diesem Abend zu Gast sind, ein sechsgängiges Festessen – ganz nach der Tradition, derer er sich genau bewusst ist („Old New England right here in California“) – servieren (S. 264).

„To the left of the bar ... was a table laden with enough food for six Thanksgiving feasts, including a whole roast suckling pig with a mango in its mouth and fresh-steamed lobsters surrounded by multicolored platters of sashimi and sushi." (S. 262)

Wie selbstverständlich werden auf beiden Anlässen ausländische Speisen (S. 247, 262) angeboten, viel zu viel, von dem sie das meiste wahrscheinlich wegwerfen werden – und das, obwohl die Amerikaner doch die Ausländer selbst in ihrem Land nicht dulden wollen.

Auch in Boyles anderen Romanen taucht diese Kritik am sorglosen Umgang der Amerikaner mit Essen auf; den Grund hierfür nennt Boyle selbst:

„*Why do you write about food so often?*

I've tried to figure it out. My mother didn't feed me, so what can I say? That's why I'm 30 pounds underweight. No, I think I have a guilt of being a fat cat in America while half the world is starving to death and the waste we have is very depressing and shocking to me and I feel guilty. Even though I always clean my plate." (Boyle)

4.3 Kojoten

Auch die Symbolik des Kojoten nimmt eine zentrale Bedeutung für Aufbau und Interpretation des Romans ein. Wie ein roter Faden über die gesamte Erzählung mit dem Plot versponnen, wechselt und verändert sich die Bedeutung des Bildes mit dem Fortschreiten der Handlung, wobei anfangs der Tenor des Symbols klar zu sein scheint: Vor den Augen des Lesers wird erst Sacheverell (S. 37f.), dann Osbert (S. 194) von einem Kojoten gerissen und auch América wird von einem solchen am Lagerplatz überrascht (S. 178f.).

Es ist offensichtlich, dass mit dem Kojoten nur das Tier an sich gemeint ist, doch immer öfter kommt nach den ersten Kapiteln auch parallel eine zweite Bedeutung ins Spiel: „Coyote" als Bezeichnung für Grenzschlepper, die sich auch in anderen Quellen findet und somit als allgemein gebräuchlich angesehen werden kann.

„He made for the border finally, to lose himself in the North, but the coyote was a fool and the U.S. Immigration caught him" (S. 52)

„Two-thirds of their savings had gone to this man, this coyote, ... and he was either incompetent or he betrayed them." (S. 59)

Konsequent benutzt Boyle von nun an beide Bedeutungen für „Coyote", vielleicht um den Leser zu verwirren, mit Sicherheit aber um ihn auf eine weitere Vergrößerung der Bedeutung vorzubereiten: „Coyote" als Begriff für die Mexikaner (stellvertretend für die illegalen Immigranten aus Mittel- und Südamerika) allgemein. Auch Delaney ist Teil dieser Entwicklung, denn in seinem zweiten Artikel „Pilgrim at Topanga Creek" verwischt sich zunehmend die Grenze zwischen Mensch und Tier. Indem er nicht an einen Mexikaner als möglichen Schuldigen denkt, kann er seinen auflodernden Rassenhass außer Acht lassen, und kommt so zu erstaunlich objektiven und präzisen Überlegungen:

„after all, the coyote roamed these hills long before Homo sapiens made his first shaggy appearance on this continent"

„The coyote ist not to blame – he is only trying to survive, to make a living, to take advantage of the opportunities available to him."

Seine (auf den Menschen übertragenen) Naturbeobachtungen lassen ihn wie anfangs sein liberaler Humanismus den Kojoten in Schutz nehmen und bei der Suche nach einer Lösung des „Kojoten-Problems" zeigen sich weitere Parallelen zwischen Kojoten und Mexikanern:

„a simpler solution ... is to call in the Los Angeles County Animal Control Department, which traps and euthanizes about 100 coyotes a year."

Beide werden von den Weißen gefangen, anstatt Einschläfern ereilt die Mexikaner zwar nur die Deportation zurück nach Mexiko, doch beide – Kojoten und Mexikaner – waren bereits vor den weißen „Einwanderern" da (vgl. Geschichte Kaliforniens) und werden sich auch von den Amerikanern nicht wieder vertreiben lassen:

„Trapping is utterly useless – even if traps were to be set in every backyard in the county – as countless studies have shown. ... We cannot eradicate the coyote, nor can we fence him out, not even with eight feet of chain link, as this sad but wiser pilgrim can attest." (S. 214)

Auch andere Weiße bezeichnen den Kojoten scherzhaft als „Eingeborenen", sind sich aber der Richtigkeit und Tragweite ihrer Aussage nicht bewusst:

„The natives are getting restless," Jack Cherrystone rumbled, and everyone laughed.

„You thing they want to come in and join us?" Bill Vogel said. He was a tall, wraithlike man bowed under the weight of a sickle nose.

„They probably get a little tired of raw rat or whatever they're eating out there – if I was a coyote I'll bet a bit of this cheesecake would really hit the spot." (S. 191)

Obwohl sich Delaney anfangs nicht dazu äußert, wem Kalifornien letztendlich gehört, weiß er doch über den historischen Hintergrund Bescheid und macht sich weder in seiner Kolumne noch im Gespräch mit Kyra Illusionen. Er hat Verständnis dafür, dass die Mexikaner ein Stück vom o.g. Kuchen abhaben wollen:

„If we invade his territory, then why indeed should we be surprised when he invades ours?" (S. 212)

„Only this is our territory," Kyra said.

And now the thing in Delaney's throat let go and the taste it left was bitter, bitter. „I wouldn't be so sure," he said. (S. 316f.)

„... and that besides which we'd stolen California from them [the Mexicans] in the first place" (S. 102)

Dass tatsächlich keine Grenze zwischen dem Tier Kojote und dem illegalen Einwanderer als solchem besteht, zeigt sich, als Delaney in seiner Kolumne weiter ins Detail geht:

„... Nineteen subspecies are now recognized, and many of them, largely because of the abundant food sources we've inadvertently made available to them (dog, cats; the neat plastic bowls of kibble set just outside the kitchen door, the legions of rats and mice our wasteful habits support)" (S. 213)

Auch bei den aufgezählten Nahrungsmitteln zeigt sich die Gemeinsamkeit von Tieren und Menschen – in diesem Fall Cándido:

Während das Tier Kojote sich hauptsächlich von Ratten und Mäusen ernährt, erleben wir im Roman, dass die beiden Hunde Osbert (S. 194) und Sacheverell (S. 37f.) von einem Kojoten gerissen werden. Cándido wiederum ist für das Verschwinden der beiden anderen Punkte auf Delaneys Nahrungsliste, nämlich der Katze Dame Edith (S. 322) und (Hunde-)Fertigfutter (S. 304), verantwortlich.

Nun erklärt sich auch die Bedeutung des Gartens der Mossbachers: Er ist nichts anderes als ein „kleines Amerika", gewissermaßen der Mikrokosmos des gesamten Problems der Immigration in die USA. Die Kojoten (Mexikaner und andere illegale Immigranten) versuchen aus dem armen Lateinamerika genauso in die USA zu kommen, wie die Tiere aus der Wildnis in den Garten der Mossbachers. Daran kann weder eine hochgerüstete Grenze noch ein meterhoher Maschendrahtzaun oder eine Mauer etwas ändern. Genauso wie der Kojote den aufgestockten Zaun oder Cándido später die Mauer problemlos überwindet, ist auch die illegale Einwanderung nicht aufzuhalten und Delaney zieht, ausgehend von seinen Naturbeobachtungen, eine düstere Bilanz:

> „The coyotes keep coming, breeding up to fill in the gaps, moving in where the living is easy. They are cunning, versatile, hungry and unstoppable." (S. 215)

> „It made for war, for violence and killing, until one group had decimated the other and reestablished its claim to the prime hunting, breeding or grazing grounds. It was a sad fact, but true." (S. 193)

4.4 Natur und Umwelt

Der Protagonist Delaney Mossbacher gibt sich durch und durch umweltbewusst: Vorbildlich sammelt er Zeitungen und Dosen und bringt sie zur Wiederverwertung (S. 3) und gemeinsam mit anderen reinigt Delaney Wanderwege vom Müll der Wohlstandsgesellschaft (S. 11). Verständlicherweise regt es ihn dann auf, wenn er jedesmal aufs Neue in der Natur Müll herumliegen sieht (S. 11, 112f.).

Im Laufe der Handlung zeigt sich unter der makellosen Oberfläche des Umweltschützers jedoch immer mehr gerade die Ignoranz, die er bei seinen Mitmenschen verurteilt (S. 32, 110f.). So prangert er z.B. die Mexikaner dafür an, dass sie in der freien Natur leben und dabei Müll in die Landschaft werfen (S. 10f., 112ff.). Auf der anderen Seite verhält er sich allerdings selbst nicht besser: Auch Delaney campt während seinen Naturbeobachtungen in einem Canyon, obwohl dies abseits der ausgewiesenen Plätze verboten ist und gerade er es eigentlich besser wissen sollte (S. 77f.). Als das Feuer im Canyon ausbricht, fliehen Cándido und América über einen Müllberg, „den Generationen gedankenloser gabachos diesen Abhang heruntergekippt" haben (S. 276, dt. S. 307) und auf dem bestimmt auch Müll von Delaney zu finden ist.

Delaney hält seine Wanderungen durch die Umgebung für etwas Außergewöhnliches und er möchte sein Naturerlebnis nicht mit anderen teilen: Als er bemerkt, dass er nicht allein im Canyon unterwegs ist, ist sein Tag ruiniert und woanders wandern zu gehen, wo von vornherein einige andere Menschen sein könnten, kommt nicht in Frage:

> „He was already angry with himself ... The hike was over, the day ruined. There was no way .. to go round them undetected." (S. 115)

> „... this was where the creek fanned out ... and any idiot who could park a car and clamber down a three-foot embankment could roam it at will. ... There was no adventure here, no privacy, no experience of nature." (S. 117)

Wie verdreht sein Naturverständnis ist, sieht man u.a. auch am Namen der Zeitschrift, für die er seine monatlichen Kolumnen schreibt: Wide Open Spaces (S. 226), angelehnt an das Klischee einer weitläufigen, unberührten Naturlandschaft. In der Realität ist jedoch Kalifornien die am stärksten urbanisierte Region der USA: fast 88 % der Bevölkerung lebt in den Städten. Gerade vor den Toren der ausufernden Millionenstadt Los Angeles kann von einer Naturlandschaft kaum die Rede sein, doch für Delaney fängt bereits direkt vor seiner Haustür die Natur an:

> „The whole point of the place is to be close to nature, that's why we bought in here, that's why we picked the last house on the block, at the end of the cul-de-sac ... I need to be able to just walk out the door and be in the hills, in the wild ..." (S. 220)

> „His house sat at the end of Piñon, in a cul-de-sac that marked the last frontier of urban development, and the chirring of the crickets seemed louder here, the darkness more complete. As if to prove the point, a great horned owl began to hoot softly from the trees behind him." (S. 63f.)

Wie trügerisch seine Einschätzung ist, zeigt sich, als sich bereits eine Zeile später diese Idylle in Luft auflöst:

> „Someone's sprinklers went one with a hiss. High overhead, a jet climbing out of LAX cut a tear in the sky." (S. 64)

Die Natur, wie Delaney sie sich vorstellt, gibt es nicht mehr. Dennoch „zelebriert" er weiterhin seine nachmittäglichen Wanderungen (S. 33) in einer Umgebung, die Cándido, der dort lebt, ganz anders empfindet:

> „The water was tepid, stained the color of tea brewed through a twice-used bag. A thin yellowish film clung to the surface." „Beyond it, the wreck of a car lay beached on its back, the refuse of last winter's floods crammed into every crevice." (S. 85)

> „Could she even begin to imagine how many septic fields drained off of those mountains? he demanded. Or how many houses were packed up there all the way to the asshole of the canyon, and every one of them leaching waste out into the gullies and streams that fed into the creek?" (S. 53)

Die Umweltzerstörung außerhalb der USA, an die Delaney oft denkt, passiert genauso vor seinen eigenen Tür, obwohl er es eigentlich nicht wahrhaben will:

> „We were all right in America, sure, but it was crazy to think you could detach yourself from the rest of the world, the world of starvation and loss and the steady relentless degradation of the environment." (S. 32)

Und so scheint er jeden Tag aufs Neue in seinen reservierten vier Stunden am Morgen und den Wanderungen am Nachmittag davor zu flüchten und die Natur so zu erleben, wie er sie sehen möchte.

4.5 Religion

Während andere Themen wie Essen, Autos oder Kojoten offen behandelt werden, spricht Boyle den Aspekt Religion nur hintergründig an. Nichtdestotrotz scheint sie für ihn ein wichtiger Kritikpunkt an der Gesellschaft zu sein, denn er lässt seine beiden Hauptfiguren Delaney und Cándido mit ihren Ansichten und Einstellungen als entgegengesetzte Pole aufeinander prallen. Boyle selbst bezeichnet sich als Atheist aus mangelnder Überzeugung, wenngleich er doch aus einer katholischen Familie stammt; dies zeugt von einer intensiven Auseinandersetzung mit dem Thema Religion, die er nun in seinen Roman einbringt.

> „I am an atheist and a nihilist, ... I think all my life I've been struggling to recover my faith or belief in something, but I can't. I wish I could, but I just can't." (Spencer)

Stärker hätte Boyle den Gegensatz zwischen den beiden Hauptfiguren kaum polarisieren können, denn sowohl Delaney als auch Cándido sind religiöse Fanatiker – jeder in seinem Sinne. Delaney ist von Scheinheiligkeit und Heuchelei durchdrungen; zwar wird er als religiöser Agnostiker charakterisiert (S. 34), dennoch nennt er sich „Pilger" und trägt diese Bezeichnung mit seinem Autokennzeichen (S. 3) und als Titel seiner Kolumne (S. 76, 211) in die Welt: ein Widerspruch. Doch er verhält sich in keineswegs wie ein Pilger: Aufgestachelt von seinem Rassenhass führt Delaney gewaltbereit seinen persönlichem Kreuzzug gegen Cándido („This was a crusade", S. 319; „he was a pilgrim, after all", S. 347).

Cándido (und auch América) dagegen kennzeichnet ein tief verwurzelter, blinder Glaube an die Kirche. In ihrer Religiosität haben sie zudem ihren amerikanischen Traum auch auf diese Ebene transportiert und stellen sich den Norden als Schlaraffenland und zweiten Garten Eden vor (S. 29). Doch das gelobte Land wird von den Amerikanern zerstört. Den Grund für ihr Scheitern sieht Cándido nicht, sondern er hält seinen Ungehorsam auf die Kirche bzw. göttliches Schicksal für die Ursache. Er vergleicht sich selbst mit Hiob (S. 121), mit dessen Geschichte sein Leben große Ähnlichkeiten enthält. „Thematisch geht es im Buch [Hiob] um das Leiden, das von vielerlei Aspekten und drängenden Fragen behandelt wird. Schwerpunktartig werden folgenden Anworten auf das Problem gegeben: als Prüfung soll das Leid erweisen, ob der Fromme tiefgehende Treue Gott gegenüber pflegt oder ob es sich um hohle täuschende Oberflächlichkeit handelt. ... Das Leiden ist Folge von Vergehen, das durch konkreten Schmerz gesühnt wird." (Stubhann, S. 306)

> „What had he done to deserve such a fate?" (S. 121)

> „...because he wasn't good enough, because he didn't say his 'Hail Marys' and 'Out Fathers' and because he fell asleep in church" (S. 21)

Schicksalsergeben (S. 121, 172, 307) hofft er, womöglich durch körperliche Leiden und Buße das Unglück abwenden zu können (S. 17, 121). Hier vermengt sich Aberglaube (S. 21, 125, 325f.), den er nicht näher hinterfragt, mit seinem ansonsten inhaltslosen Glauben. Dies wird auch dadurch deutlich, dass es trotz seines starken Glaubens an die Kirche für Cándido aber offenbar kein Problem ist, mit América „verheiratet" zu sein, wenngleich dies der Lehre der Kirche widerspricht (S. 177).

4.6 Generationskonflikt

Ein weiteres Thema, das im Laufe des Plots untergeordnet behandelt wird, ist der Generationskonflikt zwischen Eltern wie Delaney, Kyra oder Jack und ihren Kindern. Es zeigt sich, wie sich innerhalb von nur einer Generation Verhalten und Ansichten grundsätzlich ändern können. Während Jack Jardine, Anwalt und Präsident von Arroyo Blanco, seriös und gebildet auftritt und noch weitestgehend gemäßigte Ansichten vertritt, ist sein Sohn schon Rassist und benimmt sich gewalttätig gegenüber den Mexikanern (S. 48f., 60ff). Delaney ist entsetzt über Jack Jrs. Verhalten, zumal dieser von Hause aus anderes Benehmen gelernt haben sollte:

> „This was Jack's kid. A kid who should know better, a kid with all the advantages, raised right here in Arroyo Blanco." (S. 224)

> „But then, maybe that was the problem, and his next thought was for Jordan: was that the way he was going to turn out? ... Of course it was." (S. 224)

Und in der Tat entwickelt auch Jordan sich nicht wie Delaney: Während dieser sich als Naturschützer engagiert, hat sein „Sohn" für diese Ideale nichts übrig. Er ist ein gelangweilter, träger Stubenhocker, der sich lieber in Videospielen vergräbt als an die frische Luft zu gehen.

Grund für diese Entwicklung mag sicherlich auch die Vernachlässigung durch Delaney und Kyra sein. So weiß z.B. Delaney nicht Jordans Entwicklungsstand einzuschätzen, da er keine Vergleichsmöglichkeiten habe (S. 33), was schon von gewissem Desinteresse gegenüber Kindern und damit insbesondere Jordan zeugt. Und lediglich je einmal während der gesamten Erzählung erfahren wir, dass Jordan sich mit Gleichaltrigen trifft (S. 335) oder Kyra etwas mit ihm unternimmt (S. 345). Delaney und Kyra verbringen im Verlauf der Handlung nur wenig Zeit mit ihrem Sprössling und überlassen ihn meistens sich selbst und seinen Videospielen. In diese virtuelle Welt zieht sich Jordan so stark zurück, dass es den Anschein eines apathischen Verhaltens weckt und er nicht einmal mitbekommt, wie Cándido voller Wucht gegen das Auto prallt, in dem er sitzt:

> „He thought then of the house burning down with Jordan in it, Jordan aflame and barely aware of it" (S. 99)
>
> „He could see the crown of Jordan's head bobbing and weaving just above the dashboard and pictured the electronic Armageddon raging in that confined space, the boy's nimble fingers sending intergalactic invaders to their doom even as the next ship landed. ... It was then, in the moment of Delaney's vacillation, that the big man lurched forward and gave the Mexican a show that sent him staggering into the rear of Delaney's car. ... Faintly, from inside the car, came the thin tinny sound effects of Jordan's electronic war." (S. 103ff.)

Offensichtlich ist es keine positive Bilanz, die Boyle von den Kindern der Amerikaner und Mexikaner zieht: Ein rassistischer Jack Jr., ein zurückgezogener Jordan und eine blinde Socorro, die schließlich auch noch stirbt: All dies sind keine besonders guten Zukunftsaussichten:

„I noticed that the few children there are in The Tortilla Curtain, Socorro, Jordan and Jack Cherrystone's son, are either indifferent, sick or criminal. (T. C. laughs.) Do you expect nothing from the coming generation ?

Oh boy, don't pin me down on that. I don't know why I haven't written much about children. I do have children, and I guess I maybe have a glimmer of understanding of what they are. Maybe I'm thinking of myself as a child, putting myself into their place. But yeah, it just never interested me much to write about children. Obviously, Socorro–the baby–her damage is symbolic. (She is blind.)

No hope in future generations?

Well, I have to tell you the truth. I have no hope whatsoever for anybody. I think we're all doomed, and doomed soon by overpopulation. I think within a century, certainly. By the various plagues, famines and wars that are to come because we are incredibly, vastly, overpopulated. In fact, that's the basis of this book also." (Schnabel, S. 2f.)

5 Sachinformationen zum Hintergrund

5.1 Der Schauplatz der Handlung: Topanga

Schauplatz des Romans ist die Umgebung um den Topanga Canyon und den Ort Topanga, eine kleine Siedlung an der Staatsstraße 27, nur etwa 20 Minuten vom Rand der Millionenstadt Los Angeles entfernt. Obwohl nur vier Meilen von der Küste entfernt, befindet sich der Ort bereits auf über 700 Meter Höhe über N.N. Daher ist es aufgrund dieser geographischen Lage nicht ungewöhnlich, dass sowohl überdurchschnittlich viel Niederschlag fällt, wodurch es oft zu Überflutungen und Erdrutschen an den bebauten Steilhängen kommt, als auch in trockenen Zeiten unkontrollierte Brände ausbrechen können.

Im 6400 Einwohner zählenden Topanga selbst befinden sich außer einem Einkaufszentrum mit Postamt, einer Autowerkstatt und einem Tierarzt nur einige Restaurants und kleinere Läden, von denen drei von Koreanern und weitere drei von Europäern betrieben werden.

Wie in vielen anderen Städten in Kalifornien, so ist auch in Topanga ein Boom durch die im Buch bereits angedeutete Stadtflucht der reicheren Bevölkerung ausgelöst worden. Wer es sich leisten kann, genießt die Vorzüge des Lebens außerhalb der negativen Einflüsse der Städte ohne auf den schnellen Zugang zur nahen Großstadt – das San Fernando Valley ist 15, Santa Monica nur 20 Autominuten entfernt – verzichten zu wollen.

Daher haben inzwischen die Wohnungspreise in Topanga immense Höhen erreicht. Wer nicht bereits vor dem Boom in den 80er Jahren dort wohnte und nicht außergewöhnlich gut verdient, kann es sich kaum noch leisten, dort vor Ort ein Haus zu kaufen (die Kosten für ein Einfamilienhaus sind in Topanga 39 % höher als im County). Viele der Anwohner sind als Freischaffende in der Musik- und Filmindustrie oder als Künstler tätig, was die niedrige Arbeitnehmerzahl in Topanga (nur 8,19 % im Vergleich zu 36,61 % im LA County) erklärt. Viele der übrigen Anwohner pendeln zur Arbeit in die umliegenden Städte, da es im Ort selbst nur wenige – vor allem besser bezahlte – Arbeitsstellen gibt.

Auch in anderen Punkten unterscheidet sich Topanga sehr vom Rest des LA County: Trotz der unmittelbaren Nähe zur Millionenstadt konnte der kleine Ort seine ländliche Idylle beibehalten. Im Gegensatz zu den klassischen „Suburbs", den Vorstädten, auf die sich die Stadtflucht zuerst auswirkte, gibt es hier beispielsweise keinerlei Straßenbeleuchtung und Fußsteige – also klare Zeichen einer städtischen Ansiedlung. Stattdessen liegt der Ort in direkter Nähe zum Topanga State Park; viele Wasserläufe durchziehen das artenreiche Gebiet, in dem viele verschiedene Wildpflanzen und -tiere anzutreffen sind, wodurch der weithin bekannte Ort als sehr beliebter Platz zum Wohnen gilt.

Während Weiße im gesamten County inzwischen eine Minderheit bilden (32,91 %), leben in Topanga selbst fast ausschließlich Weiße (90,08 %), darunter hauptsächlich solche mit höherem Einkommen (das Durchschnittseinkommen in Topanga ist im Vergleich zum County mehr als 1,5-mal so hoch) und besserer Ausbildung als im Vergleich zur Umgebung.

	Topanga Cyn.	**LA County**
Hispanic	5,05 %	44,56 %
White	90,08 %	32,91 %
Black	1,54 %	10,50 %
Asian	4,42 %	13,08 %
Med. Value of Single Fam. Houses	215 800 $	155 062 $
Est. Med. Family Income	91 751 $	59 324 $
Private Sector Employment	8,19 %	36,61 %
Demokrat	54,07 %	53,10 %
Republican	20,37 %	27,67 %

Quelle: Volkszählung 2000/Registrierte Wähler 2001;
für detailliertere Angaben siehe Anhänge 1 und 2

Hauptstraße durch den Ort ist der Topanga Canyon Blvd., von den Einheimischen auch 'the Boulevard' genannt. Eine viel befahrene Straße, von vielen Bewohnern im San Fernando Valley als Alternative zur Autobahn genutzt – auch was die Geschwindigkeit angeht.

Der Großteil der Bevölkerung ist naturfreundlich eingestellt (der Anteil der Wähler der Grünen-Partei ist mehr als sechsmal so hoch wie im gesamten County) und eine große Zahl der Einwohner ist strikt gegen den weiteren Ausbau der bislang zweispurigen Canyonstraße, die Eröffnung eines weiteren Einkaufszentrums und den Ausbau der Siedlung.

5.2 Zur Geschichte Kaliforniens

„Only this is our territory," Kyra said.

And now the thing in Delaney's throat let go and the taste it left was bitter, bitter. „I wouldn't be so sure," he said. (S. 316f.)

Die erste Besiedelung Kaliforniens lässt sich auf das Jahr 1769 zurückdatieren. Damals begannen spanische Siedler Missionen, Dörfer und Forts im Gebiet des heutigen Kaliforniens zu gründen, die indianische Bevölkerung zu christianisieren und Land zu kultivieren. Die starke Trennung in Klassen – die privilegierten Spanier herrschten über die Mexikaner, die ihrerseits über den Indianern und schwarzen Sklaven standen – brachte jedoch einiges Konfliktpotential mit sich; alle verband jedoch das Leben in einem spärlich besiedelten Land, das ein Dasein abseits der Weltgeschichte fristete.

1821 errang Mexiko die Unabhängigkeit von Spanien. Auf Kalifornien hatte dies direkt keine großen Auswirkungen, zu weit war man dort von den Geschehnissen in Mexiko entfernt. Jedoch begannen nach einiger Zeit die neuen Herrscher den Einfluss der Missionen zurückdrängen: Das Land der Missionen wurde zu gleichen Teilen an Kalifornier und Indianer überschrieben, die es jedoch oftmals nicht lange halten konnten und es an immer mächtiger werdende Großgrundbesitzer verkauften. Mit der Einführung der mexikanischen Verfassung richtete man überall lokale Stadtparlamente und Regierungen ein, doch dies führte bald zu politischer Unsicherheit: Geschwächt durch Auseinandersetzungen zwischen Städten, Regionen oder Politikern wechselten sich in fünf Jahren allein elf verschiedene Gouverneure ab und 1845 wäre es bei der Wahl der Hauptstadt beinahe zu einem Krieg gekommen.

Ab den 30er Jahren siedelten sich vermehrt Amerikaner in Kalifornien an. Aufgewachsen mit anderen Wertvorstellungen verurteilten sie den Lebensstil und die Einstellung der Mexikaner, die sie oftmals als faul und dumm ansahen, schnell. Dennoch wurden sie bald Teil von ihr und genossen die Gastfreundschaft der Mexikaner. Wichtige Bedeutung erlangte in dieser Zeit der Gedanke des „Manifest Destiny": Die USA seien durch göttliches

Schicksal vorherbestimmt, die Vorherrschaft auf ihrem Kontinent und in der Welt auszuüben.

1844 gewann James K. Polk, glühender Anhänger der Idee des „Manifest Destiny", die Präsidentenwahl. Eines seiner Hauptanliegen war die Einverleibung der Gebiete des heutigen New Mexico, Oregons und Kaliforniens. Da er es aber vermeiden wollte selbst einen Krieg zu beginnen, wies er seine Truppen noch im Herbst 1844 an, Mexiko solange zu provozieren, bis sie den Vereinigten Staaten den Krieg erklären würden. Im darauf folgenden Jahr startete Captain John C. Frémont zur einer Expedition nach Kalifornien. Als er nach der erlaubten Überwinterung jedoch ausgewiesen wurde, kehrte er mit einer Truppe Marines zurück und stiftete mit Billigung der amerikanischen Regierung dort Unruhe. Als sich Mexiko im Winter 45 weigerte New Mexico und Kalifornien an die USA zu verkaufen, ließ Polk Truppen an der amerikanischen Seite des Rio Grande Stellung beziehen. Ende April 1846 war es dann soweit: Die Mexikaner griffen eine der amerikanischen Einheiten an und der mexikanisch-amerikanische Krieg brach aus.

Mit dem Friedensvertrag von Guadalupe Hidalgo vom Februar 1848 fielen Texas, New Mexico, Nevada, Utah, Arizona und Kalifornien den Vereinigten Staaten zu, die Mexikaner in Kalifornien wurden amerikanische Staatsbürger und bekamen ihre Eigentumsrechte zugesichert. Nur neun Tage danach wurde in Kalifornien Gold entdeckt. Tausende von Menschen aus aller Welt – hauptsächlich jedoch Amerikaner – strömten daraufhin nach Kalifornien; in nur vier Jahren versechzehnfachte sich die Bevölkerung, so dass die Mexikaner schnell zu einer Minderheit in Kalifornien wurden. Obwohl ihnen durch den Friedensvertrag die gleichen Rechte wie den Amerikanern zugesichert worden waren, wurden sie schon bald zu einer gehassten und verfolgten Minderheit, so dass die meisten von ihnen bald Kalifornien verließen. (Übersetzung des Autors, vgl. ‚California and the Mexican American War')

5.3 Die US-mexikanische Grenze

Über 2000 Meilen erstreckt sich die US-mexikanische Grenze quer durch den nordamerikanischen Kontinent und trennt dabei eine der führenden Wirtschaftsmächte der Welt von einem Schwellenland Mittelamerikas. Doch entgegen vielen Medienberichten ist diese Linie quer durch den Kontinent nur eine Grenze auf dem Papier - abgesehen von wenigen Stellen nicht hochgerüstet und schwer bewacht, sondern größtenteils nur durch gelegentliche Grenzsteine markiert.

Ähnlich verhält es sich mit dem Bild der mexikanischen Einwanderer: Obwohl nur 1 % der Grenzübertritte von Süd nach Nord illegal sind, stellt die Gruppe der illegalen Einwanderer in die USA doch den überwiegenden Anteil in der Berichterstattung der Medien. Doch das Bild einer nicht bewachbaren Grenze, über die Illegale in Scharen aus Mittel- und Südamerika in die USA strömen, schürt Vorbehalte, Angst und Fremdenfeindlichkeit und wird der heutigen Situation sowie der Bedeutung der Grenze für beide Länder nicht gerecht.

Stattdessen hat sich die Grenze innerhalb der letzten 60 Jahre von einer unbedeutenden Region zu einem dynamischen Wirtschaftsraum entwickelt, von dem beide Länder profitieren.

Täglich pendeln 40 000 Menschen allein am Grenzübergang Tijuana - San Diego in die USA um dort in Hotels, Restaurants oder Haushalten zu arbeiten. 1990 zählte man dort 274 Millionen Einreisen, eine Zahl, die größer als die gesamte Bevölkerung der USA ist und ein Dreifaches der Bevölkerung von Mexiko darstellt. Gleichzeitig kaufen mehr als 250 Millionen mexikanische Kunden in den USA ein und erstehen dort jährlich Waren im Gesamtwert von 25 Milliarden Dollar. Viele Unternehmen in amerikanischen Grenzstädten verdanken mittlerweile die Hälfte ihres Umsatzes ihren mexikanischen Kunden, die mit ihren Einkäufen nicht nur den Handel stärken, sondern damit auch zwei Milliarden Dollar Steuern in die Staatskassen spülen, für die sie im Gegensatz zu ihren amerikanischen Nachbarn keine Gegenleistung, wie z.B. soziale Absicherung oder medizinische Versorgung, erhalten. Andererseits reisen viele Amerikaner nach Mexiko um dort günstigere Preise beim Einkauf, Essen oder bei medizinischer Versorgung zu nutzen und geben der Wirtschaft dieser Region wiederum Auftrieb.

Angelockt von hohen Löhnen und einem großen Bedarf an Arbeitskräften begann seit Ende des zweiten Weltkrieges in beiden Ländern eine Abwanderung gen Grenze. Immer mehr Amerikaner aus dem Osten und Norden sowie Mexikaner aus dem Süden kamen in die Grenzregion. Zwischen 1950 und 1990 ver-3,5-fachte sich die Bevölkerung in den sechs mexikanischen Grenzstaaten Baja California, Chihuahua, Coahuila, Nuevo León, Sonora und Tamaulipas, im gleichen Zeitraum ver-2,6-fachte sie sich in den vier amerikanischen Grenzstaaten Kalifornien, Arizona, New Mexico und Texas. Während die vier amerikanischen Staaten 1900 nur 6,4 % der Menschen der USA beherbergten, lebten 1990 bereits fast 21 % aller Amerikaner in Bundesstaaten, die an Mexiko grenzen.

Der große Zuzug von Menschen hatte aber auch bedeutende Auswirkungen auf die Landschaft des Westens und der gesamten Grenzregion. Viele Amerikaner haben beim Gedanken an den Westen immer noch das Klischee der „wide open spaces“, einer weitläufigen Naturlandschaft, im Kopf, wenngleich die Staaten entlang der Grenze schon seit den 50er Jahren zu der am meisten urbanisierten Region der gesamten USA geworden sind. (87,7 % der Bevölkerung Kaliforniens leben in Städten; der amerikanische Durchschnitt liegt bei nur 75,2 %.) Zusätzlich zu den westwärts ziehenden Amerikanern siedelten sich 80 % der zugereisten Mexikaner in kalifornischen Städten an, 55 % blieben sogar allein in Los Angeles, in dem heute Menschen hispanischer Abstammung die Mehrheit bilden.

Jedoch nicht alle Mexikaner, die vom Süden an die Grenze heraufziehen, wandern auch dauerhaft in die USA aus. Viele blieben in den Grenzstädten wie Nuevo Léon, Chihuahua, Hermosillo oder Tijuana hängen. In den 80er Jahren betrug der Anteil der Einwohner, die bereits vor der Bevölkerungswanderung dort lebte, gerade noch ein Drittel.

Über lange Zeit fand die Immigration von Mexikanern in der Öffentlichkeit keine Beachtung. Im Gegensatz zu anderen ethnischen Gruppen war es den Mexikanern auch noch bis Ende der 20er Jahre möglich, ohne Formalitäten legal in die USA einzureisen. Das Problem der „illegalen“ Immigration, wie wir es heute kennen, kam erst mit dem Bracero-Programm auf, durch das Hunderttausende angeworben wurden, um in den USA in der Landwirtschaft vorübergehend zu arbeiten und danach wieder in ihre Heimat zurückzukehren. Der grenzenlos scheinende Nachschub an Arbeitskräften hielt die Löhne niedrig. Durch den Boom der US-Industrie in der Nachkriegszeit veränderte sich auch der Arbeitsmarkt für die Mexikaner: Statt nur in der Landwirtschaft zu arbeiten bekamen viele von ihnen eine Anstellung in Städten; die Saisonarbeiter blieben und außer einzelnen Arbeitern zogen nun auch verstärkt Familien in den Norden.

Nachdem sich die Wirtschaft abgekühlt hatte, konnte der Zulauf an Arbeitskräften jedoch nicht einfach abgedreht werden. Auch die Tatsache, dass in den USA arbeitende Mexikaner nach einiger Zeit Amnestie zugesprochen bekamen und bleiben durften, verstärkte den Trend der Zuwanderung. Durch Korrekturen am Einwanderungsgesetz wurden 1965 viele der mexikanischen Arbeiter zu Illegalen und im Zuge dieser Änderung konzentrierte sich von nun an auch das öffentliche Interesse auf die illegale Einwanderung. Zwar ließ daraufhin der Strom der nach Norden drängenden Arbeitsuchenden für die folgenden drei Jahre leicht nach, erreichte jedoch bald danach wieder seine alten Ausmaße. Allerdings zeigte sich, dass sich ihre Integration in die amerikanische Gesellschaft schneller als bei anderen Bevölkerungsgruppen vollzog: Während in der ersten Generation der Einwandererkinder noch 90 % Spanisch als ihre Muttersprache pflegen, sprechen nur noch 50 % der zweiten Generation die Sprache ihrer Großeltern.

Neueste Studien belegen jedoch auch, dass sich die Folgen des Zustroms von mexikanischen Einwanderern seit den 40er Jahren eher positiv auf die Wirtschaft beider Länder ausgewirkt haben. Obwohl eine große Summe öffentlicher Gelder für die Einwanderer im Schul- und Gesundheitswesen aufgewendet werden musste, überwiegen die positiven Auswirkungen auf die US-Wirtschaft durch preiswerte und flexible Arbeitskräfte wie auch Millionen von Kunden bei weitem. Im Ausland erwirtschaftete und nach Mexiko geschickte Gelder gehören neben handgefertigten Exporten und dem Tourismus zu den mexikanischen Haupteinnahmequellen für Devisen und stärken somit im Gegenzug die dortige Wirtschaft.

So ist es auch nicht verwunderlich, dass viele Arbeitgeber in der Landwirtschaft, im Dienstleistungsgewerbe oder in handarbeitsintensiven Branchen für einen einfachen Zugang zum mexikanischen Arbeitnehmermarkt einstehen. Ebenso Gehör finden aber auch die Stimmen der US-Arbeiter, die aufgrund der billigen Konkurrenz ihre Arbeitsplätze verloren haben, oder die Furcht der Bürger vor grenzenloser Einwanderung.

Doch wie schon in den 50er Jahren bleiben auch heutige Versuche erfolglos, den Zustrom der Einwanderer zu mindern. Mitte der 90er Jahre versuchte man in verschiedenen Projekten durch Hochrüstung an einigen Abschnitten der Grenze die Einwanderer aufzuhalten. Diese Pläne blieben allerdings ohne großen Erfolg, da Einwanderer die Grenze in die USA einfach an anderen Stellen überquerten und Mexikaner, die bereit waren wieder nach Mexiko zurückzukehren, an ihrer Rückkehr gehindert wurden. Man kann davon ausgehen, dass, solange sich die wirtschaftliche Situation in ihrem Herkunftsland nicht ändern wird und Einwanderer in der US-Wirtschaft ohne weiteres Arbeit finden können, die Zuwanderung nicht zu stoppen ist.

5.4 Ein Leben hinter Gittern – „Gated communities“ in den USA

Wohngebiete wie Arroyo Blanco sind weder eine Erfindung Boyles noch eine unserer Zeit. Die ersten Ursprünge lassen sich bereits auf die Zeit der Römer datieren, doch erst seit den 60er und 70er Jahren erleben die „gated communities“ in den USA eine Renaissance im großen Stil: Vornehmlich im Süden der Vereinigten Staaten, im sogenannten sunbelt, entstanden große Anlagen für Rentner, in denen nicht nur Wohlhabende ihren Ruhestand in der Sonne verbringen können. Bald sehnten sich mehr Menschen nach einem derartig geschützten Eigenheim und viele dieser Siedlungen wurden im ganzen Land – größtenteils jedoch in der Nähe großer Ballungsgebiete und Städte - gebaut.

Mit der zunehmenden Anzahl veränderte sich auch ihre Zielgruppe: Während die ersten „gated communities“ nur einer reichen Minderheit vorbehalten waren, wurde es nun auch für den Mittelstand möglich innerhalb geschlossener Anlagen zu wohnen. 1997 gab es bereits drei Millionen Haushalte in über 20 000 „gated communities", wobei sich jeweils ein Drittel auf Oberschicht, Mittelstand und Rentner verteilte. Einer Umfrage aus dem Jahr 1990 zufolge wünschen sich 54 Prozent der Befragten ein Haus in einer eingezäunten, mit einem Tor versehenden Siedlung; im Orange County südlich von Los Angeles waren von den 153 damals zum Verkauf stehenden Objekte 68 % eingezäunt. Oft führen die Siedlungen Namenszusätze wie etwa „park", „forest", „river", „valley" oder „estates" um die vermeintliche Distanz zur Stadt auszudrücken und ein idyllisches Leben in der Natur zu suggerieren.

Der Wunsch in unberührter Natur fern von den Problemen der Stadt ein schönes Leben zu führen kann als Hauptmotivation für die sich immer weiter fortsetzende Stadtflucht gesehen werden. Grund dafür ist vielfach der Versuch, schlechter verdienenden Minderheiten, die oft mit Verbrechen in Verbindung gebracht werden, zu entgehen oder von günstigen Mietpreisen, besseren Schulen und höherer Sicherheit zu profitieren.

Doch mittlerweile bedeutet „Vorstadt" nicht mehr automatisch sicher und schön. Durch die Mobilität der Leute wurden die Probleme der Stadt nur in die Vorstädte verlagert, die alternden Vorstädte haben nun wiederum selbst die Probleme der Stadt zu bewältigen. Weiße, die sich von anderen ethnischen Gruppen wie Asiaten, Hispaniern oder Schwarzen durch ihren Wohnort abgrenzen wollen, müssen nun noch weiter aufs Land fliehen, um den Minderheiten zu entgehen die – selbst auf der Flucht – ihnen bis in die Vorstädte gefolgt sind. Der Kreislauf beginnt von vorn, mit katastrophalen Folgen für die Natur: Während in den 50er Jahren 70 Millionen Amerikaner in Stadtgebieten lebten und dabei eine Fläche von 33 000 Quadratkilometers „verbrauchten", hat sich bis 1990 die Zahl der Einwohner verdoppelt, die benötigte Fläche jedoch fast verfünffacht. Jedes Jahr fallen mehr als 800 000 Hektar landwirtschaftlicher Fläche sowie Wälder und bisher unbewirtschaftete Gebiete den ausufernden Städten zum Opfer. Stündlich fressen diese sich unaufhaltsam um mehr als 90 Hektar in ihre Umgebung. Zwar können die neu errichteten Siedlungen auf der grünen Wiese kurzfristig die Idylle einer schönen, sicheren Wohngegend schaffen, aber nach kurzer Zeit folgen die Probleme den Flüchtlingen wieder bis vor die Tür. Als Konsequenz ziehen viele weiter aufs Land, andere suchen in „gated communities“ Zuflucht, in denen sie sich vor der Welt draußen durch Mauern abschotten und verstecken können.

„Gated communities“ sind jedoch mehr als nur neue Wohngebiete: Ausgestattet mit einer eigenen Privatregierung, der „home owner association“, die entweder ehrenamtlich durch Bewohner oder bei größeren Anlagen durch fest angestellte Mitarbeiter gebildet wird, regelt sie alle Bereiche des täglichen Lebens durch gesetzartige Vorschriften, den so genannten CC&Rs (covenants, conditions and restrictions). In ihnen gibt es Maßgaben über Farbe, Bauweise und Gestaltung der Häuser, die Höhe von Bäumen, erlaubte Pflanzen, Maximalgewicht von Tieren, Mindestalter der Bewohner oder Ähnliches. Das Verbot von Satellitenschüsseln, Schaukeln, Wäschespinnen oder ein generelles Parkverbot für Wohnmobile und Firmenwagen außerhalb der Garage, die zudem auch geschlossen sein muss, ist ebenso verbreitet. Übertretungen werden von der „home owner association“ oder extra für die Kontrolle beauftragten Firmen auf den Fuß geahndet: Wer in der exklusiven Gegend wohnen will, muss sich an die Regeln halten.

Allerdings kommen die „home owner associations“ auch für öffentliche Dienstleistungen wie etwa Straßenbau und -instandhaltung, Müllabfuhr oder Kulturveranstaltungen auf. Diese Praxis ist durchaus willkommen, da die verantwortlichen Städte, auf deren Gebiet die „gated communities“ liegen, dadurch ihr Budget schonen.

Zahlreiche Siedlungen haben mittlerweile sogar den Status von Gemeinden verliehen bekommen und regeln alle ihre Belange selbst, von öffentlicher Versorgung bis hin zu Steuern. Für die betroffenen Bewohner einer „gated community“ hat dieses System gravierende Vorteile: Ihre Steuergelder werden dort eingesetzt, wo die Gemeinschaft der Hausbesitzer es für nötig hält, und Probleme können schnell angegangen werden. Des Weiteren werden die eigenen Steuergelder auch für eigene Projekte an Ort und Stelle eingesetzt und nicht für andere Bürger ausgegeben.

Diese fehlende Solidarität mit Mitmenschen, sowohl außerhalb als auch innerhalb ihrer eigenen Siedlung, kann aber auch eine große Gefahr darstellen: In der Tat beklagen viele Bewohner eine fehlende Gemeinschaft innerhalb ihrer Wohngebiete. Zwar leben sie Tür an Tür und teilen gemeinsame Interessen und Vorstellungen, doch eine echte Gemeinschaft, wie sie in vielen kleinen Dörfern existiert und in der sich alle Bewohner untereinander verbunden fühlen, kann sich nicht entwickeln. In einer Untersuchung bezeichneten nur 8 % der Befragten die Kontakte als nachbarschaftlich, 64 % als freundlich und sogar 28 % als zurückhaltend oder privat. Grund dafür ist mit Sicherheit die Passivität der meisten Anwohner. Es fehlt an sozialem Engagement bei gemeinsamen Aktivitäten oder bei Ehrenämtern in der „home owner association", und obwohl Mauern die Einwohner physisch zusammenhalten und Hilfestellung geben sich mit der eigenen Siedlung zu identifizieren, sind Kontakte Ausnahmeerscheinungen. Für viele ist die „gated community" nur ein Platz zum Wohnen, in den sie alle auf der gemeinsamen Suche nach Exklusivität, Privatsphäre und Sicherheit kamen.

Diese Sicherheit ist für die Amerikaner heute zu einem der wichtigsten Themen geworden. 90 % der Amerikaner glauben, dass die Kriminalität um sie herum ständig größer wird, und 55 % befürchten selbst einmal Opfer eines Verbrechens zu werden. Genauso viele sind auch der Überzeugung nicht ausreichend durch die Polizei geschützt zu werden. Angesichts dieser Zahlen ist es auch nicht verwunderlich, dass weite Teile der Bevölkerung in eigene Sicherheitsvorkehrungen investieren.

Eine vermeintliches Mittel der Kriminalität entgegen zu wirken ist auch der weitere Ausbau der Siedlungen mit Mauern und Zäunen. Wachhäuser, Patrouillien, Schranken, die sich mittels Code öffnen lassen, Alarmanlagen oder am Eingang und in der Siedlung angebrachte Videokameras sind daher sehr verbreitet. Aber oft ist der Eingang aus Kostengründen nicht oder nicht rund um die Uhr mit Wachleuten besetzt; manche setzen allein auf den psychologischen Abschreckungseffekt eines Wachhauses. Doch derartige Schutzvorrichtungen bieten nur die Illusion von Sicherheit: Wenn viele Tore aus Bequemlichkeit über den Tag geöffnet bleiben oder Fußgänger ungehindert Zugang erhalten, schützen solche Vorkehrungen nur gering. Im Gegenteil: Mauern und Zäune, die die Sicht von der Straße auf Häuser und Garagen versperren, garantieren Eindringlingen Schutz vor Blicken patrouillierender Polizeistreifen. Schranken am Eingang der „gated community" kosten Krankenwagen und Feuerwehren im Notfall wertvolle Sekunden. Auch vernachlässigen Anwohner durch die Präsenz von Schranken und Toren einfache Sicherheitsmaßnahmen, die sie selbst treffen könnten: Türen werden nicht verschlossen oder Alarmanlagen nicht benutzt.

Inzwischen gibt es bereits mehr als 3 Millionen Haushalte hinter Zäunen, Toren und Mauern in vermeintlicher Sicherheit, denen viele weitere folgen werden. Einem Städteplaner zufolge werden in Südflorida 90 % der neuen Siedlungen bereits mit Mauern errichtet, im südlichen Kalifornien gehören heute „gated communities" zum Landschaftsbild. In Interviews zeigte sich, dass bei der Auswahl eines Hauses für die meisten Befragten eine Einzäunung zwar wichtig, aber eher zweitrangig war. Doch im Nachhinein auf sie verzichten wollte keiner der Interviewten.

	LA County	**Coto de Caza**
Median household income	45,922 $	105,061 $
Median home sale price	236,000	504,000
Ethnicity		
White	59 %	90 %
Latino	27 %	5 %
Asian	12 %	4 %
Other	2 %	1 %
Education		
College grad.	24 %	50 %
College / associate degree	34 %	34 %
High school grad.	21 %	11 %
Less than high school	21 %	5 %

Beispiel für demographische Unterschiede zwischen einer „gated community" und dem übrigen County
Quelle: Los Angeles Times, Orange County Edition, 25.01.1999, Teil A – Seite 1

6 Material

6.1 Detailkarte der Umgebung

www.topzone.com

6.2 Übersetzung der spanischen Elemente

Arroyo Blanco (I,1)	Weißer Bach
¡Ay, caray! (I,4)	Verdammt!
¿Alguien esta aqui? (I,8)	Ist hier jemand?
Barrio (I,7)	Stadtteil, hier Slum
basurero (II,6)	Müllkippenbewohner
borracho (II,2)	betrunken, Trunkenbold
bota (I,4)	Lederflasche
bracero (I,2)	Tagelöhner, Landarbeiter
bruja (I,6)	Hexe
bueno (I,6)	gut
burro (II,2)	Esel
Cabron (I,4)	Scheißkerl
caldo (II,6)	Brühe
campesino (I,4)	Bauer
cantina (I,4)	Kneipe
capo (III,1)	Pate, Führer
carnal (I,6)	Kumpel
centavo (I,4)	vgl. Pfennig
chicana (II,2)	Amerikaner mex. Herkunft
chilango (I,2)	Dialekt von Mexico City
chile (I,6)	Chilie
chingado (III,6)	Bastard (umgsp.)
chingon (II,7)	Bastard (umgsp.)
cholo (I,2)	Mittel- und südam. Indianer
chorizo (II,2)	Wurst, stehlen
ciento ochenta y dos (III,1)	182
ciento ochenta y uno (III,1)	181

cinco dolares (II,2)	fünf Dollar
cocido (III,6)	Eintopf
compadre (I,2)	Kumpel
companero (I,6)	Kamerad
comprendo (I,4)	ich verstehe
criada (I,4)	Hausmädchen
curandera (I,4)	Heilerin
¿Como te llamas, pretty? (I,6)	Wie heißt Du?
El Dia de las Gracias (II,8)	Thanksgiving
El mapache (I,8)	Waschbär
El Norte (I,4)	der Norden
El Tenksgeevee (II,8)	Thanksgiving
Esquina (I,8)	Straßenecke
Favelas (I,7)	Elendsviertel
flaca (I,8)	dünn, mager
frijole (III,6)	Bohnen
futbol (II,4)	Fußball
Gabacho (I,2)	Ausländer (abwertend)
gastro (I,2)	Magen-Darm-Entzündung
gatita (III,1)	Kätzchen
giros (I,4)	Überweisung
Gringolandia (I,4)	USA
gringos (I,2)	Amerikaner (abwertend)
guantes (I,8)	Handschuh
guaton (I,6)	fetter Mann
¿Habla usted espanol? (I,4)	Sprechen Sie Spanisch?
hamburguesa (I,8)	Hamburger

hijo (II,4)	Sohn
hijo de la chingada (II,6)	Hurensohn
hombre (II,6)	Mann
huaraches (I,2)	einfache Schlappen
huevos con chorizo (II,4)	Spiegeleier mit Wurst
huevos rancheros (II,4) Tomaten	Spiegeleier mit Bohnen und
huevos hervidos con pan tostado (I,8)	gekochte Eier auf Toast
Indita (II,4)	kleine Indianerin
indocumentados (II,2)	ohne Papiere, Illegales
Lucha (I,6)	Kampf
La Migra (I,2) (INS)	die Einwanderungsbehörde
Latinos (II,6)	Lateinamerikaner
linda (I,6)	schön
la chota (I,2)	die Polizei
Mala suerte (I,2)	böses Schicksal/Pech
mendigo (II,6)	Bettler
mercado (III,4)	Markt
mi vida (III,1)	mein Leben / Liebe
milagro de milagros (III,1)	Wunder der Wunder
mojado (II,6)	nass
muchacho (II,8)	junger Mann
Muchisimas gracias (II,2)	vielen vielen Dank
mujer (III,1)	Frau
Ninito (II,4)	kleiner Junge

No quiero un matasanos, no lo necisito (I,1)	ich will keinen Arzt (abwertend), ich brauche ihn nicht
novela (II,2)	Roman
Paisano (I,2)	Landsmann
Para las manos (I,8)	für die Hände
patron (I,4)	Chef
pavo (II,8)	Truthahn
pelirrojo (III,6)	rot-haarig
pendejo (I,6)	Bastard
pinche (I,6)	wertlos
pinche puta (II,6)	dreckige Nutte
pinche vida (I,2)	wertloses Leben
poco (I,4)	etwas, wenig
ponlos alla (I,1)	bring es dahin
pulque (I,4)	fermentierter Agavensaft
¿Que onda?(I,6)	Was ist los? (umgsp.)
¿Quieres joder conmigo? (II,6)	Willst Du mit mir schlafen?
¿Quieres trabajar? (II,2)	Willst Du arbeiten?
Rebozo (II,7)	Dreiecktuch
rico (I,2)	reich
romerito (I,6)	Gemüse
rubio (I,8)	blond
ruca (II,7)	sexy (umgspr.)
Sabe (I,4)	wissen
simpatica (II,4)	sympathisch/nett
socorro	Hilfe

sombrero (I,4)	Hut
sus ordenes (I,8)	ihre/sein Aufgabe
Taqueria (II,4)	Imbiß
Tepoztlan (I,2)	Stadt
terminado (II,4)	vorbei
Tijuana (I,1)	mex. Stadt an der Grenze
tortilla (I,2)	Tortilla (mex. Gericht)
trabaja (I,4)	er/sie arbeitet
tragafuegos (I,4)	Feuerschlucker
tarjeta verde (I,4)	Green Card
turista (I,4)	Urlauber
Vago (I,2)	Faullenzer
Virgen Sagrada (I,4)	Heilige Jungfrau
¿Y tu? (I,6)	und Du?

7 Literaturverzeichnis und weiterführende Literatur

Zitierte Ausgaben:
Englisch: The Tortilla Curtain. London: Penguin Books 1996.
Deutsch: América. München: Carl Hanser Verlag 1996.

Appell, David: Earthquakes, Critics and the .600 Nitro: An Interview with T. Coraghessan Boyle. In: Hayden's Ferry Review, Issue 18, Spring/Summer 1996.

Boyle, T. C.: The Official T. C. Boyle Homepage, http://www.tcboyle.com, 2002.

Galante, Gisèle: Je suis un punk et je le resterai. In: MatchdeParisLive, Februar 2000.

Johnson, Paul: A History of the American People, London, 1997.

Lutterbeck, Claus: „Soll ich mich umbringen?" In: Stern 26/2001, S. 164.

Lorey, David E.: The US-Mexican border in the twentieth century, Wilmington, Del. 1999.

NN: California and the Mexican American War. (http://info.pue.udlap.mx/ri/trabajos/1999/nt200925/leah.html) Cholula, 1999.

NN: Contemporary Authors Online: T. Coraghessan Boyle, The Gale Group, 2002.

Mitchell, John G.: Stadt ohne Grenzen. In: National Geographic Deutschland 7/2001.

Schnabel, Sabine: Basically, I'm a Sophisticated Guy: Interview with T. C. Boyle About the Future, Declining Sperm Counts, and His Latest Novel. http://www.uni-leipzig.de/~amerika/tp/tp404.htm, 28. Oktober 2001.

Schröder, Markus: Nice guys finish last, Sozialkritik in den Romanen T. Coraghessan Boyles. Arbeiten zur Amerikanistik, Bd. 22. Essen, 1997.

Spencer, Russ: The Jester Who Hath No King. In: The Book Magazine, Dezember 1998 / Januar 1999.

Stubhann, Matthias (Hrsg.): Die Bibel von A-Z, Das aktuelle Lexikon zur Bibel, Erlangen 1994.

Synder, Mary Gail / Blakely, Edward J.: Fortress America: Gated Communities in the United States, Washington, D.C., 1999.

Utley, Sandye: All About Boyle Resource Center, http://www.tcboyle.net, 2002.

Anhang

Anlage 1

	Topanga Canyon	LA County
Total 2000 Population	6431	9519338
Total Hispanic	325 (5,05 %)	4242213 (44,56 %)
Total White:	5793 (90,08 %)	3132717 (32,91 %)
Total Black:	99 (1,54 %)	999474 (10,50 %)
Total Asian:	284 (4,42 %)	1245019 (13,08 %)
Median Assessed Value of Single Family Houses 2000	215800 $	155062 $
Estimated Median Family Income 2000	91751 $	59324 $
Total Private Sector Employers	147 (2,29 %)	247685 (2,60 %)
Industrial, Wholesale, Construction, Transportation Employers	38 (25,85 %)	57189 (23,09 %)
Professional Services and Finance Sector Employers	29 (19,72 %)	56622 (22,86 %)
Retail and Non Professional Services	79 (53,74 %)	133801 (54,02 %)
Total Private Sector Employment	527 (8,19 %)	3485319 (36,61 %)
Industrial, Wholesale, Construction, Transportation Employment	178 (33,78 %)	1256312 (36,05 %)
Professional Services and Finance Sector		

Employment	113 (21,40 %)	795836 (22,83 %)
Retail and Non Professional Services	236 (44,78 %)	1251844 (35,92 %)

Source: 2000 Census

Anlage 2

	Topanga Canyon	**LA County**
Politics		
Demokrat	2466 (54,07 %)	2204021 (53,10 %)
Republican	929 (20,37 %)	1148361 (27,67 %)
American Independent Party	78 (1,71 %)	73145 (1,76 %)
Libertatian	50 (1,10 %)	21256 (0,51 %)
Green	184 (4,03 %)	25638 (0,62 %)
Natural Law	18 (0,39 %)	23394 (0,56 %)
Decline to State – No Party	749 (16,41 %)	599482 (14,44 %)
Age		
18 to 34	706 (15,48 %)	1069515 (25,77 %)
35 to 49	1593 (34,93 %)	1185297 (28,56 %)
50 to 64	1330 (29,00 %)	766203 (18,46 %)
65 or older	389 (8,53 %)	480942 (11,59 %)
Total	4561	4150580

Source: Registered Voters, March 30, 2001